Camila Farani

Desistir não é opção

O caminho mais rápido entre a ideia e os resultados se chama execução

Diretora
Rosely Boschini

Gerente Editorial
Carolina Rocha

Assistente Editorial
Giulia Molina

Produção Gráfica
Fábio Esteves

Preparação
Amanda Oliveira

Capa
Thiago de Barros

Projeto Gráfico e Diagramação
Vanessa Lima

Revisão
Fernanda Guerriero Antunes,
Elisa Casotti e Renato Ritto

Impressão
Edições Loyola

Copyright © 2021 by Camila Farani
Todos os direitos desta edição
são reservados à Editora Gente.
Rua Natingui – 379 – Vila Madalena
São Paulo, SP – CEP 05443-000
Telefone: (11) 3670-2500
Site: www.editoragente.com.br
E-mail: gente@editoragente.com.br

Dados Internacionais de Catalogação na Publicação (CIP)
Angélica Ilacqua CRB-8/7057

Farani, Camila
     Desistir não é opção: o caminho mais rápido entre a ideia e os resultados
se chama execução / Camila Farani. – 1. ed. –São Paulo: Editora Gente, 2021.
     224 p.

     ISBN 978-65-5544-094-2

     1. Negócios 2. Sucesso nos negócios 3. Empreendedorismo I. Título

21-0777   CDD 650.1

Índice para catálogo sistemático:
1. Sucesso nos negócios

nota da publisher

Empreender não é fácil, ainda mais em um país cuja alta mortalidade dos negócios assusta, a informalidade extrema enfraquece e a falta de uma formação empreendedora faz com que os empresários se percam em tudo o que precisam gerir. Não é à toa que decidir empreender é comparado a estar em mar aberto com uma pequena boia, sem terra à vista, vendo as barbatanas dos tubarões se aproximando e não sabendo o que fazer para se salvar.

A nossa sorte, caro leitor, é que um desses "tubarões" está do nosso lado: Camila Farani! E neste guia essencial, ela entrega todo o conhecimento de mais de vinte anos navegando pelo mundo dos negócios. A única mulher premiada duas vezes como melhor investidora-anjo do Brasil, empresária de sucesso e uma investidora sem igual, que ajuda negócios a ganharem tração e chegarem ao topo, ela ensina os passos necessários para você se tornar o grande empreendedor do amanhã. E, cá entre nós, que orgulho poder dizer que tenho essa autora de peso nadando nos mares da Editora Gente!

Em **Desistir não é opção**, você encontra ferramentas práticas para blindar o seu negócio, sair da sua zona de conforto e construir um plano estratégico que leve o seu empreendimento ao topo. Agora, só me resta fazer o seguinte convite: vamos mergulhar juntos?

Rosely Boschini — CEO e publisher da Editora Gente

caro leitor,

Queremos saber sua opinião sobre nossos livros.
Após a leitura, curta-nos no facebook.com/editoragentebr,
siga-nos no Twitter @EditoraGente,
no Instagram @editoragente e visite-nos
no site www.editoragente.com.br.
Cadastre-se e contribua com sugestões, críticas ou elogios.

Dedico este livro à minha melhor amiga, professora, lutadora e fonte inesgotável de inspiração: minha mãe, Fátima Farani.

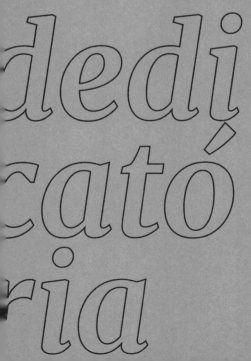

agra
deci
men
tos

Agradecimentos

Escrever este livro é um projeto de longa data em minha vida, e por isso, vou compartilhar um segredo com vocês: cerquem-se de pessoas que lhes complementam.

Os livros me deram respostas nos momentos mais decisivos da minha história e, depois de tantos aprendizados como empresária, empreendedora e investidora, era uma meta muito importante compartilhar da maneira mais profunda e acessível aquilo que espero ajudar milhares de outros profissionais.

Como vocês sabem eu fielmente acredito que o empreendedorismo muda a realidade das pessoas, afinal de contas mudou a minha.

Desistir não é opção é resultado de todas as pessoas que me apoiaram, inspiraram e desafiaram. Eu costumo sempre, em minhas palestras, levantar o seguinte questionamento: "Você se cerca de pessoas que te complementam ou somente por afinidade?". É um infortúnio muito grande apenas nos conectarmos com pessoas parecidas conosco, pois é na diferença que abrimos nossas mentes, é na diversidade que surgem novas oportunidades, e por isso eu tenho uma infinidade de pessoas a agradecer: família, amigos, sócios, fãs...

Claro, seria impossível nomear todas as pessoas que cruzaram o meu caminho e contribuíram para a minha jornada, mas peço licença para estender os meus agradecimentos, principalmente, ao meu tio Paulo, pelo memorável suporte como tio ao longo da minha vida e como empresário, que me ensinou que empreender é manter o pé no chão e arriscar; ao meu irmão, Cassiano, dono de uma das mentes mais brilhantes que conheci; ao meu pai, Luiz Carlos, e ao meus avós, que mesmo já tendo partido, me passaram ensinamentos que permanecem na minha essência.

Ao Jony, Camila Fusco e Betinha e todos os membros do meu time, por terem embarcado em mais um projeto e se empenharem, e por sempre me apoiarem em todos os aspectos da minha carreira.

Ao Leonardo Mota, com quem compartilhei uma década e me viu crescer profissionalmente.

A você, leitora e leitor, que mergulhará nessas páginas e com certeza construirá algo incrível a partir da inquietude que move suas ações.

Por fim, o mais importante agradecimento, a minha mãe, Fátima, o ser humano mais importante do meu universo, quem me deu à luz e me ensinou a brilhar, e quem literalmente sabe que desistir não é opção.

Camila Farani

Sumário

10 Prefácio de Caito Maia
14 Introdução: Seja um inquieto

26 Capítulo 1: Inquietude crônica
40 Capítulo 2: Não há para onde fugir: o mercado mudou definitivamente
52 Capítulo 3: Três erros fatais ao empreender
66 Capítulo 4: A arte de construir soluções não óbvias

83 **FASE 1: CLAREZA SOBRE OS RECURSOS**
84 Capítulo 5: A importância do conhecimento interno
98 Capítulo 6: O desenho do seu grande plano
104 Capítulo 7: Gestão básica do seu patrimônio financeiro
120 Capítulo 8: Este é um jogo que não se ganha sozinho

149 **FASE 2: CONSTRUÇÃO DO NEGÓCIO**
150 Capítulo 9: Empreenda com visão de crescimento
166 Capítulo 10: Não pule etapas

179 **FASE 3: ESCALABILIDADE POSITIVA**
180 Capítulo 11: O crescimento do negócio
208 Capítulo 12: Vamos falar sobre investimento
218 Capítulo 13: Faça o seu melhor em todos os momentos

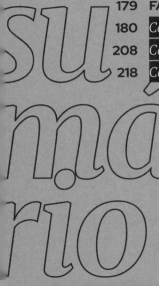

Prefácio de Caito Maia

Você está preparado para conhecer a alma do negócio?

7

você está preparado para conhecer a alma do negócio?

Quando recebi o convite para escrever o prefácio deste livro, imediatamente me lembrei do primeiro contato que tive com a Camila Farani, lá em 2017, quando fiz minha estreia no *Shark Tank Brasil*. Eram as gravações iniciais do programa, que começava a sua segunda temporada. Dos quatro tubarões titulares daquela edição, eu só conhecia o Robinson Shiba, fundador das redes China in Box e Gendai, especializadas em comida oriental.

Ao se aproximar de mim, Camila abriu um sorrisão sincero e disse: "Seja bem-vindo, Caito". Com o tempo, me aproximei dos demais tubarões, mas nunca me esqueci daquela recepção da Camila, que se tornou uma grande amiga. No meio da loucura que eram os bastidores do *Shark Tank Brasil*, ela me dizia: "Que bom que você chegou, pois ouvi dizer que você ama gente, é humano e empreende com o coração". A sensação que tive foi ótima: sou alguém muito ligado à energia das pessoas.

No meio daquela temporada, ela me chamou para conversar e me deu uma série de toques. Falou coisas boas, que me ajudaram muito. Falava com amor e generosidade, algo que fez enorme diferença para mim.

Por isso, leitor, você pode se considerar uma pessoa privilegiada apenas por estar com este livro em mãos. Camila é empreendedora desde a adolescência, uma das maiores investidoras do país, apaixonada por tecnologia, dona de uma visão em 360 graus dos negócios, tanto os físicos quanto os digitais. Porém, por conhecê-la bem, posso garantir: ela é muito mais do que isso, ela age com o coração! Seja empreendendo, investindo ou negociando, esse é o maior diferencial competitivo dela e, nas próximas páginas, Camila compartilha conosco como faz isso no dia a dia.

Costumo dizer que quem investe assim vê muito além do dinheiro. São aqueles raros indivíduos capazes de enxergar a alma e a essência das pessoas, o que faz toda a diferença. Para mim, esse, sim, é o empreendedor de sucesso. E é por isso que você deve ler este livro. Acredito que as pessoas precisam entender que a tecnologia e os negócios atingem uma combinação perfeita quando são feitos com o coração pulsando.

Aliás, será que um negócio, ou qualquer coisa, pode funcionar de outro modo? Tenho um pouco de dúvida. O coração, quando aliado ao conhecimento e à tecnologia, cria uma combinação bombástica. Dou palestras em Harvard há seis anos para uma audiência formada pelos melhores do mundo em suas áreas. Em um determinado momento da apresentação, sempre digo: "Vocês aqui são um bilhão de vezes mais técnicos do que eu, mas negociar e empreender requerem o uso das fibras do coração". É o momento em que todos se levantam e batem palmas.

Nos últimos quatro anos de *Shark Tank Brasil*, tive a oportunidade de ver a Camila passar de aficionada por tecnologia para um outro nível. Em determinado momento, ela me disse: "Quer saber? Vou colocar meu coração para fora". E fez isso. Se você vir uma imagem dela na primeira temporada e outra agora, perceberá mudanças notáveis e impressionantes. A confiança, a atitude e o empoderamento se expandiram. A energia dela hoje é muito maior.

você está preparado para conhecer a alma do negócio? 13

Imagine uma pedra que se revela preciosa ao ser lapidada. No caso de Camila, um brilho interno surgiu, lapidado por ela mesma.

Quando você virar a última página desta obra, terá aprendido muito mais do que somente negociação ou empreendedorismo. Terá lido valiosas lições sobre coragem, capacidade, liderança e a importância de ter carisma, sensibilidade e de ampliar sua visão. O empreendedor tem que abrir a cabeça, não dá para ficar restrito a um mundinho confortável. Camila é um exemplo, pois falava de tecnologia, mas decidiu ir além. Hoje ela transmite o poder, a transformação e a competência de uma mulher de seu tempo. Com a orientação dela, você também pode ampliar o seu mundo. Sucesso!

Caito Maia, fundador da Chilli Beans, a maior marca de óculos de sol da América Latina, tubarão do programa *Shark Tank Brasil* e fundador do Plano 3R, plataforma de ensino de negócios.

Introdução
Seja um inquieto

7 seja um inquieto

Sou apaixonada por empreendedorismo. Mas nem sempre foi assim. Fui apresentada a esse mundo em decorrência de uma triste situação: meu pai, Luiz Carlos, faleceu quando eu tinha apenas 4 anos. A partir daí, minha mãe, Fátima, se viu obrigada a sustentar a nossa casa sozinha. Éramos apenas ela, eu e meu irmão mais velho, Cassiano. Uma mulher e duas crianças. Contra tudo. A história da minha família é como a de muitos brasileiros: nos vimos obrigados a empreender por necessidade, ou seja, nossa melhor alternativa para cuidar de nós mesmos e conseguir lidar com a situação em que nos encontrávamos era criar algo novo e arriscar tudo o que tínhamos à mão. Tudo isso, porém, não ocorreu imediatamente à perda do meu pai.

Inicialmente, minha mãe, cuja formação é em Pedagogia, tornou-se secretária de uma escola particular no Rio de Janeiro, ganhando apenas um salário mínimo. Foi a maneira que ela encontrou para nos manter. Estudei nesse colégio enquanto meu irmão foi para uma das melhores escolas da cidade. Minha mãe tomou essa decisão pensando no futuro de toda a família, já que não havia recursos para que ela fizesse isso com os dois filhos. A minha escola, no entanto, também era boa, e contribuiu para a minha educação inicial.

Com o tempo, no entanto, minha mãe acabou se endividando na tentativa de fazer com que meu irmão continuasse a ter o melhor ensino possível. Em um determinado momento, por não ver alternativa para aumentar a renda, ela resolveu sair da escola em que trabalhava. Foi a hora de tomar uma grande decisão: com o pouco dinheiro que ainda restava da herança do meu pai, aquela mulher, viúva havia nove anos, decidiu empreender.

Naquele momento, minha mãe tinha 30 mil reais. Por influência do irmão, meu tio Paulo, ela decidiu montar uma charutaria. Mas por que charutos? Bem, naquela época meu tio começava a melhorar de vida e era uma espécie de referência da família nesse sentido. E, para ele, fumar charuto era símbolo de status. Uma informação adicional: meu pai havia falecido de câncer no pulmão. Pois bem, além dos charutos, minha mãe decidiu que também iríamos trabalhar com cafés. E foi assim que nasceu o Tabaco Café, onde tive meu primeiro emprego. Eu estava com apenas 14 anos.

Dessa época, além dos cheiros característicos dos charutos e do café, guardo na memória a imagem da minha mãe, que, sem opção, se viu obrigada a apostar tudo o que tinha na abertura daquele negócio. Um empreendimento construído pela necessidade de cuidar da família. Minha mãe era e é uma mulher forte, assim como a mãe dela, a minha avó Celuta, sempre foi e como elas me ensinaram a ser. Naquela época, porém, muitas vezes a vi chegar em casa chorando. Suas lágrimas surgiam por causa do medo que ela tinha de não dar conta de todo aquele novo universo. Havia muito receio em relação ao nosso futuro.

Como empreendedora, minha mãe não tinha nenhum conhecimento de gestão, não sabia precificar, não sabia como lidar com os colaboradores, como controlar receita e despesa, entre muitas outras coisas. Ela era uma autêntica guerreira, mas não tinha noção

seja um inquieto

de como era encarar aquele tipo de responsabilidade. Naturalmente, o sentimento de insegurança existia em todos os aspectos.

Minha mãe tinha, no entanto, uma ÚNICA certeza; o negócio precisava prosperar para ela, eu e meu irmão sobrevivermos. Diante disso, eu tinha a reforçada convicção de que minha mãe era uma fortaleza. Mas, ao mesmo tempo, sempre que presenciava ela chegar em casa após um dia duro de trabalho, exausta e angustiada, me sentia dominada por um sentimento de que eu precisava "fazer acontecer". Parece que desde sempre eu sabia que era quem **poderia** e **mudaria** aquela realidade.

De certa maneira, aquela imagem da minha mãe – meu maior exemplo de pessoa batalhadora – esgotada e fragilizada fez com que eu me tornasse o que sou. Uma inquieta.

No nosso pequeno comércio, eu tinha de ajudar, pois não havia dinheiro para contratar funcionários. Dessa forma, tive de trabalhar por livre e espontânea pressão. Nos três primeiros anos, por causa do horário do colégio, só conseguia auxiliar minha mãe após as aulas. Dessa época, me lembro de acordar bem cedo, por volta das 5 horas, para ir à escola, e de como chegava cansada no final do dia, após a manhã de estudos e a tarde no comércio. Não havia nada de romântico nisso.

Nesse período eu também não ganhava salário. Somente depois, quando entrei na universidade de Direito e passei a estudar em um novo horário, minha avó conversou com minha mãe e a convenceu a me pagar um valor, que fixou em 500 reais ao mês. E, enquanto todas as minhas amigas saíam para se divertir, já aos 18 ou 19 anos, eu me via trabalhando. No início, entretanto, não gostava, pois sentia tudo aquilo como um peso que vinha com a responsabilidade.

Mas algo começa a mudar

Na universidade de Direito, havia um requisito obrigatório para que eu pudesse me formar: era preciso fazer um estágio. Com isso, aos 19 anos, troquei a rotina no café para ser estagiária em um banco, cuja experiência teria duração de seis meses. Para alguém que estudava para ser advogada, estar mais perto daquele universo poderia representar um passo em direção a um sonho, correto?

Um certo dia, porém, ainda nesse estágio, percebi que minha cabeça estava longe dali, do banco, do Direito, de tudo relacionado àquele mundo. De repente, me peguei refletindo sobre a loja, pensando em pesquisa de mercado e em como poderia melhorar o movimento no negócio. Nesse instante me dei conta de que já gostava de empreender, estava bem mais envolvida com a rotina da tabacaria do que imaginava.

Foi naquela época longe do comércio que descobri o meu amor pelos negócios, por novas maneiras de gerir e contornar as dificuldades e, acima de tudo, pelo conhecimento que aquilo me trazia. Segui com o estágio, assim como com a universidade, pois sempre acreditei na importância da educação e do aprendizado formal. Naquele momento eu não sabia que rumo minha história tomaria, então continuei me dedicando aos estudos até o final do curso.

Porém, após a experiência fora do café, lembro de ficar muito ligada em campanhas para aumentar as vendas. E olha que não sabia direito o que era faturamento naquela época, nem tinha conhecimento sobre marketing. Mas seguia cada vez mais inquieta e procurava informações sobre o assunto.

Ao buscar melhorar as nossas ações e ampliar o número de clientes na tabacaria, conseguimos conquistar alguns resultados. E aí algo interessante ocorreu. Naquela época, havia um conselho de marketing no shopping onde a tabacaria funcionava, e, a cada dois anos, era feita uma eleição para escolher novos integrantes.

Lembro que alguém que vinha observando a Tabaco Café procurou minha mãe e perguntou se ela seria a favor de me convidarem para formar uma chapa para disputar a eleição do conselho. "A Camila? Claro, ela é especialista em marketing! É ela quem faz tudo aqui!", foi a resposta da dona Fátima.

Como empreendedora, minha mãe não tinha nenhum conhecimento de gestão, não sabia precificar, não sabia como lidar com os colaboradores, como controlar receita e despesa, entre muitas outras coisas. Ela era uma autêntica guerreira, mas não tinha noção de como era encarar aquele tipo de responsabilidade.

E foi assim que participei da eleição para um conselho de marketing do shopping onde estávamos e onde circulavam cerca de 140 mil pessoas por dia. Disputei e ganhei. O conselho eleito era formado por três integrantes: o Ricardo, na época com 55 anos, a Vera, com 50 anos, e eu, com 22. Com essa experiência aprendi uma lição que me acompanharia para sempre: é muito importante saber ouvir pessoas mais experientes do que nós, pois trata-se de algo extremamente enriquecedor.

Essa é uma recomendação que enfatizaria para as pessoas mais novas: aprendam a ouvir quem é mais experiente. Muitas vezes, as valiosas lições podem ser perdidas por quem não tem a paciência de escutar atentamente o que foi aprendido em anos de estrada.

Aprendizado em prática

Ao longo da minha vida, sempre admirei quem busca o próprio desenvolvimento, mas me convenci de que só geramos mudança e transformação quando colocamos o que aprendemos em prática. Por isso, costumo dizer que o mais bacana do Brasil são os atuais e futuros empreendedores e empreendedoras que estão dispostos a transformar a nossa realidade por meio do conhecimento que adquiriram em suas experiências.

Atualmente, sou uma investidora-anjo, ou seja, invisto recursos em negócios que estão nascendo, como é o caso das startups. Não apenas recursos financeiros, mas de conhecimento, de *networking* e de expertise. Venho da economia real, tornei-me microempresária e fui crescendo com todas as dores e todos os desafios que isso implica. Se fosse para resumir em poucas palavras, para chegar até aqui, eu basicamente juntei as bases importantes dos negócios consolidados à mentalidade e ao modelo de negócio das startups e os apliquei nos meus projetos.

A trajetória do empreendedor e empresário não é um caminho tranquilo. São perdas, recomeços, erros e acertos, angústias, sonhos, mas,

seja um inquieto

acima de tudo, uma vontade insaciável de fazer acontecer, de entregar algo que verdadeiramente gere valor para as pessoas e para si mesmo. E é por isso que eu escrevi este livro. Hoje se fala muito de startups e inovação, mas é importante que se tenha o seguinte em mente: temos de parar de romantizar o empreendedorismo. Empreender não é romântico. É pura ralação, e eu estou aqui para lhe mostrar como realmente colocar o seu conhecimento para trabalhar, para maturar e crescer mais do que você pode imaginar. Vou te ajudar a alcançar o sucesso que você deseja, mas já aviso: é preciso estar comprometido. Não temos tempo para ficar em cima do muro. Num mercado de anjos e tubarões, para receber o SIM de que tanto precisa para ir ao próximo nível com seus negócios, você deve saber a que veio.

De olho nos objetivos

Agora, reflita: por que você está com este livro em mãos? Por que quis lê-lo? Talvez responda que é para aprender mais, ou mesmo porque deseja resolver os problemas que tem em seu negócio. Mas, responda aí, em sua mente: onde você quer estar daqui a um ano? Qual a visão para os seus negócios? Suas respostas podem ser variadas, mas lembre-se de algo crucial: se você não sabe aonde quer chegar, todos os caminhos vão estar errados. Se não tem estratégia própria, sempre será a estratégia de alguém. Por isso, informação e aprendizado devem vir acompanhados de responsabilidade e atitudes. Em suma, de objetivos.

Veja: o objetivo guia seu foco e encaminha sua energia. Se você não sabe o que está fazendo agora ou onde deseja estar no próximo ano, se não tem isso bem claro do ponto de vista profissional, deve começar a pensar sobre o assunto o mais rápido possível. A vida e as oportunidades se apresentam como uma reunião. Se você for a essa reunião, que pode ser decisiva para os seus planos, sem saber quais são os tópicos que pretende negociar ou as questões mais importantes, pode cair na armadilha de ter um monte de gente reunida na sala, passar horas conversando e sair de lá sem nada, com a necessidade de marcar outro encontro para retomar toda a lista que ficou incompleta. Todos nós já tivemos reuniões assim, e saímos delas frustrados, com objetivos travados. O jogo muda quando você sabe exatamente o desfecho que precisa ter, possui clareza sobre o objetivo e sabe o porquê de ter chamado aqueles convidados para a reunião. Entende o que quero dizer?

Descubra seu propósito e tudo fará sentido

A clareza do seu objetivo está alinhada à clareza do seu propósito. Por incrível que pareça, eu me dei conta do meu real propósito graças a um convite.

Em busca do meu desenvolvimento, fiz uma imersão na Universidade Stanford, na Califórnia, nos Estados Unidos. Quando voltei, uma professora da Fundação Getúlio Vargas (FGV) me ligou e me convidou para ser professora convidada lá. Respondi que não tinha mestrado. Sou advogada, fiz algumas especializações... "Não, queremos alguém com vivência prática". E, nessa experiência, me descobri. Me apaixonei e entendi que o meu propósito, cada vez mais, era efetivamente levar conhecimento para ajudar as pessoas a serem protagonistas de suas vidas. O investimento-anjo, para mim, é uma maneira de compartilhar conhecimento sobre empreendedorismo, que é o meu propósito.

Via de regra, aquilo que a gente mais gosta de fazer pode ser o nosso propósito. É importante entender o que você tem mais aptidão para fazer. No meu caso, compreendi que precisava criar algo para as mulheres, que participavam muito pouco desse universo de empreendedorismo e investimentos. Foi aí que cofundei, junto com a Ana Fontes da Rede Mulher Empreendedora (RME) e a Maria Rita

seja um inquieto

Spina Bueno da Anjos do Brasil, o MIA (Mulheres Investidoras Anjo), que visa sensibilizar, capacitar e investir em mulheres.

Nos últimos oito anos, minha carreira deslanchou. Tive a honra de ganhar alguns prêmios: em 2013, fui eleita a jovem empresária da Associação Comercial do Rio de Janeiro. Em 2016, fui eleita Embaixadora do Facebook na campanha "Ela Faz História". Também em 2016, ganhei o Startup Awards como melhor investidor-anjo, vitória que se repetiu em 2018, me consagrando bicampeã, já que por enquanto ainda não existe a categoria investidora. Em 2017, ganhei um prêmio da Women's Entrepreneurship Day Organization (Wedo), parceira da Organização das Nações Unidas (ONU), como uma das dez mulheres na categoria Inovação.

Fui ainda a primeira mulher a assumir a presidência de um grupo de investidores-anjo do Brasil, o Gávea Angels. Quando assumi, eram 28 investidores; no fim da minha gestão, esse número cresceu para 72. Nos dois anos à frente do Gávea Angels, de 2016 a 2018, assumi o compromisso de crescer exponencialmente. Ao deixar a presidência, criei a butique de investimento-anjo G2 Capital. Basicamente, aliamos a expertise de diversos investidores-anjo profissionais para fazer aportes mais assertivos.

Até o momento em que escrevo este livro, já investi em cerca de quarenta startups de diversas áreas. Tive três fracassos, seis saídas, um *acquihire*[1] e estou em fase de mais uma saída. Para um investidor-anjo, saída significa investir 50 mil reais numa startup e receber um valor que pode variar entre 450 mil reais e acima de 2 milhões de reais quando a empresa decola. Temos trabalhado para ter algumas saídas nos próximos anos. Sou ainda parceira de uma aceleradora, a ACE, e de um micro *venture capital*. Criei um primeiro curso on-line para conseguir estar em todo o país. E, além de tudo isso, participo do programa *Shark Tank Brasil* como uma das *sharks*.

---

1 Aquisição de empresa.

Caso você não conheça, trata-se de um *game show* no qual, em cada episódio, empreendedores apresentam suas ideias de negócio a potenciais investidores, os chamados "tubarões", a fim de obter financiamento. No final de cada apresentação, os tubarões expõem o seu veredito e colocam as questões que considerem relevantes para a tomada de decisão. Posteriormente, os investidores decidem se querem se retirar do projeto ou se entram com uma oferta de investimento ao empreendedor, geralmente em troca de uma percentagem do negócio ou propondo royalties sobre as vendas futuras.

Eu já tinha uma trajetória que me colocava como um personagem no ecossistema de investimento e empreendedorismo. Dentro dos círculos em que eu estava inserida, a Ana Fontes, da Rede Mulher Empreendedora, me indicou à produção do programa para ser uma das *sharks*. Para mim, essa participação é a realização de um sonho. Estou contando tudo isso para você porque, quando olho para trás e vejo aquela adolescente fazendo café com a mãe para pagar as contas de casa, sei que ela não pensava em chegar tão longe, mas também sei que ela desejava sair daquela situação, não pelo dinheiro, mas pelo que seria da sua vida quando ela crescesse. Aquela menina não queria ser apenas uma assistente de tabacaria, ela queria mais, queria desbravar outros mundos. As pessoas falam muito de sucesso, mas é um conceito muito subjetivo. Afinal, o que ele significa para um, pode não ser para o outro. Cada pessoa tem a sua medida de realização, e isso é algo independente do tamanho do cheque que você tem. Não se prenda a isso. Se prenda ao que você é, ao que você tem de valor e ao que você vai se tornar. É seguindo o caminho da sua inquietação, do seu objetivo, da sua inconformidade com a situação atual que vamos conseguir, você e eu, a partir deste livro, fazer com que concretize seus planos, o seu negócio, e cresça até onde a sua inquietação é capaz de chegar.

Nas próximas páginas, entrego a você tudo o que aprendi, desde gestão de recursos, organização de times e um novo jeito de comunicar, até o momento de escalar. Vamos fazer negócios juntos?

realização

Cada pessoa tem a sua medida de realização, e isso é algo independente do tamanho do cheque que você tem. Não se prenda a isso. Se prenda ao que você é, ao que você tem de valor e ao que você vai se tornar.

Capítulo 1
Inquietude crônica

crônica

inquietude

7

Brinco que sofro de excesso de inquietude e que devo ter nascido assim. Já ouvi muita gente me dizer, em tom crítico: "Você é inquieta demais, Camila. Sempre tem muitas ideias". Mas isso faz parte da natureza do empreendedor, não conheço nenhum que não tenha esse perfil. Assim como nunca encontrei uma pessoa reconhecida como líder de sucesso e que não tivesse uma inquietude natural.

Como já contei, me formei em Direito. Dizem que quando a pessoa não tem muita certeza do que quer fazer profissionalmente, escolhe Direito ou Administração. No meu caso, isso foi verdade. Aprendi com o tempo que é muito importante entender as influências que recebemos ao longo da vida. O meu tio Paulo, o dos charutos, era advogado, e um dia me disse: "Camila, você vai ser juíza". Aos 18 anos, embarquei naquela ideia, que para mim era muito imponente. Construí uma imagem mental de mim como juíza, prestei o vestibular e comecei o curso, porém, já no segundo ou terceiro ano da faculdade, percebi que não era nada daquilo que eu queria para a minha vida. Mas tudo o que aprendi da base jurídica é muito estratégico hoje para entender, avaliar e conduzir diversos processos como empresária.

Em paralelo aos estudos, eu já havia trabalhado em todas as funções na charutaria. Meu currículo incluía experiência no caixa, na pia, lavando muitas xícaras de café e no atendimento aos clientes, algo que eu adorava. Num belo dia, virei para a minha mãe e disse: "Isso aqui está muito moroso, muito devagar. Vamos fazer uma coisa nova. Já estou vendo outras cafeterias montarem cartas de cafés gelados...".

"Café gelado, Camila? Que é isso? Tá bom como está. Estamos vendendo pão de queijo, cafezinho e charuto. Está ótimo!", disse ela, sem conter a impaciência.

Claro, não desisti da minha ideia fácil assim. Decidi que iria fazer uma carta de cafés gelados e chamar duas amigas para trabalhar conosco. Minha ideia era de que elas fariam as receitas de café diante dos clientes, na hora, como coquetéis. Iríamos misturar com sorvete, alguns levariam álcool. Criei novos cinco produtos.

Porém, antes de colocar meu plano em prática, tive a iniciativa de virar para a minha mãe e propor: "Se eu aumentar em 30% o faturamento, você me dá um percentual de sociedade?". Fui insistente e, vencida pelo cansaço, ela topou.

Com o sinal verde, encomendei um banner, que era a minha noção de comunicação na época, no qual havia uma enorme foto de um café gelado, e estabeleci o serviço de coquetelaria com as meninas. Passados trinta dias, alcancei 28% de aumento no faturamento. Ou seja, não atingi a minha própria meta. Quando cheguei nesse resultado, um pouco frustrada, fui falar com a minha mãe: "Não bati a meta".

Diante do meu "fracasso", minha mãe disse: "Também, né, Camila? Você inventou essa história de café gelado em pleno inverno... só você mesmo...". Naquele momento, eu apenas pensava: *Mas fiquei apenas a 2% de bater a meta*. E, claro, curiosa, perguntei: "Mas e aí?". "Embora você não tenha alcançado o que foi combinado, vou te dar a participação na sociedade. Mas farei isso por uma única razão, você foi lá e fez! Eu fui contrária, tudo ocorreu contra, mas você persistiu", disse, para minha surpresa.

inquietude crônica

Aquele havia sido o maior aumento de faturamento em nossos quatro anos de existência. E ali, aos 20 anos, eu fechava a minha primeira sociedade – com a minha mãe. Naquele episódio, descobri algo importante: o valor do *benchmarking*, que é você olhar o que está sendo feito pela sua concorrência, seja direta ou indireta.

Quantos de nós não têm medo de abrir um negócio? Você olha para o mercado e diz para si mesmo: "Ah, isso aí já existe...". Pois saiba que você precisa ter concorrência para olhar para ela e dizer: "Como eu vou deixá-la insignificante em relação ao meu negócio?".

E você não precisa ser o primeiro a ter uma ideia, viu? O mundo do empreendedorismo prova que o pioneirismo não necessariamente vai te garantir sucesso. Ser pioneiro em algo pode dar mais chances ao seu negócio, claro. Para pegar um exemplo emblemático, a Uber não foi o primeiro aplicativo voltado à mobilidade. Antes dela surgiram outros, que foram responsáveis por abrir esse mercado. Um deles existia no Rio de Janeiro e se chamava Resolve Aí, mas hoje não sobrevive nem na memória das pessoas. Eles foram um dos primeiros, mas os que vieram depois aprimoraram a tecnologia e a usabilidade para os clientes. Foi preciso alguém iniciar um movimento inovador, mas chegaram outros que conquistaram os consumidores. É preciso ter atitude para entrar em um mercado já existente e criar uma nova cultura. Quem imaginava, em 2009, por exemplo, pedir um táxi ou algo similar via um aplicativo de celular? Ninguém, ou melhor, quase ninguém.

No final, tudo é evolução

É comum e equivocado equiparar inovação, tecnologia e grandes volumes de investimento. Mas é preciso entender que é possível – e necessário – inovar em diversas partes do negócio e fazer pequenos ajustes que não necessariamente exigem altíssimos volumes de investimento. Não existe uma fórmula específica para começar a inovar no seu negócio, mas alguns passos podem ajudar, iniciando pelo foco no cliente – conhecer seus hábitos, seus desejos, sua urgência e seu bolso.

Também é preciso identificar em qual área a inovação é necessária – produto? Entrega? Processo produtivo? Preço? Posteriormente, já tendo essas informações em mente, deve-se observar o mercado e avaliar o que pode ser feito de diferente. Claro, existe a chamada inovação disruptiva, aquela que apresenta uma solução capaz de "sacudir" o que já existia no mercado. Mas é necessário entender que não é preciso inventar uma solução "do zero" para o problema, ela pode surgir a partir da observação do entorno, melhorando o que já existe. Não faltam exemplos assim.

Podemos distinguir as inovações pelos seguintes tipos:

» **INCREMENTAL:** pequenas melhorias contínuas aos produtos, serviços e processos ao longo do tempo;

» **PRODUTO:** introdução de um produto novo ou significativamente melhorado, que gera novo valor para o cliente;

» **PROCESSO:** implementação de um novo ou melhorado modelo de produção ou método de entrega;

» **SERVIÇO:** introdução de um serviço novo ou melhorado que gera novo valor para o cliente;

» **MODELO DE NEGÓCIO:** Inovação nos métodos em que uma organização cria, entrega e captura valor;

» **DISRUPTIVA:** Inovações que deslocam empresas ou indústrias estabelecidas.

Agora que você já conhece os tipos de inovação, aproveito para te apresentar três mitos sobre ela:

1. **INOVAR É CARO:** Empresas grandes têm mais capital, então são mais inovadoras. Errado. Inovação não necessariamente está conectada ao capital, é mais sobre pensamento e comportamento. As pequenas têm agilidade, conseguem ouvir quem está na ponta, usam o laboratório da vida real: as redes sociais.

inquietude crônica

AÇÃO: observe o comportamento do seu cliente em laboratórios vivos (*reviews* em redes sociais, por exemplo) e incorpore as sugestões de melhorias possíveis no seu produto ou serviço.

2. **INOVAÇÃO SÓ EXISTE COM TECNOLOGIA:** A inovação não está necessariamente conectada à adoção de ferramentas tecnológicas.

AÇÃO: observe e liste três pontos principais de melhorias que podem ser feitos de forma diferente ou podem ser inovados na sua empresa.

3. **INOVAÇÃO É TER UMA IDEIA E COMEÇAR DO ZERO:** Você não precisa criar do zero, mas melhorar o que já tem.

AÇÃO: observe o seu produto ou serviço, verifique os similares que estão disponíveis no mercado. Responda às perguntas: o que você pode melhorar? É possível trabalhar em cima de versões que já existem?

Tenha em mente que inovação é o sucesso na exploração de novas ideias. Pense no próximo ciclo que pode destruir o seu negócio, inove e esteja na frente. Observar sua concorrência vai te permitir inovar para que tenha um diferencial competitivo.

Como mostrei no exemplo do café gelado, sempre fui persistente com minhas ideias. Aprendi a apostar naquilo que acreditava, mesmo quando as pessoas ao redor diziam que não ia dar certo. Você planta sementes. Faz isso com convicção, muitas vezes contra o vento.

Naquele momento, eu já tinha minha primeira sociedade, uma "fatia" do Tabaco Café. Anos após termos constituído esse primeiro negócio, começamos um segundo, que já abri investindo. No terceiro, de novo, iniciei investindo, sempre com a minha sócia, minha mãe. Ela foi a minha primeira investidora-anjo – e diz ser até hoje, num misto de brincadeira e orgulho.

Vi ainda que era muito importante investir em duas questões: construir patrimônio intelectual e financeiro. Também era necessário entender como eu faria para criar cada vez mais negócios que crescessem sem demandar a minha presença em tempo integral, mas que gerassem um fluxo de receita. Ou seja, eu precisava desenvolver uma forma de pensamento estratégico. Já sabia do que precisava, mas faltava saber como.

As pessoas não entenderam o meu negócio

Por alguma razão, a partir de um determinado momento, muitos dos clientes, quando entravam no Tabaco Café, passaram a me pedir opções de alimentação saudável. Mas o problema é que eu trabalhava especificamente com tabaco e café. Fiquei atenta à mudança.

Aos 26 anos, acreditava ter achado o negócio do século, investir em alimentação saudável. Nascia ali a Farani Delicaffe. Criei esse novo empreendimento achando que seria o meu pulo do gato. No primeiro mês de faturamento, fizemos 1.500 reais. No segundo, 1.800 reais. No meu terceiro mês, empatei com o primeiro. Pensei: *Acabou. Não sou empresária, não sei nada.* O gato subiu no telhado.

As pessoas entravam no restaurante e perguntavam: "Você vende sorvete?". Era uma pergunta lógica, a loja era toda branca e lilás. Meu arquiteto, na época, era o mesmo de todas as iogurterias da cidade, e era o auge da febre desse tipo de negócio. Uma vez mais, eu havia sido influenciada. Eu tinha um restaurante, mas não tinha faturamento. Aquela era a minha primeira empreitada sozinha, pois minha mãe havia caído fora, dizendo: "Já não aguento mais você com essas suas ideias, Camila. Você não para". Meu irmão parou de falar comigo, alegando que o novo negócio canibalizaria os outros. Investi sozinha, empenhando todo o meu dinheiro no restaurante. Sem muitas opções, decidi criar um conselho de clientes. Com os poucos que eu tinha, aliás.

so
lu
ção

É necessário entender que não é preciso inventar uma solução "do zero" para o problema, ela pode surgir a partir da observação do entorno, melhorando o que já existe.

Sugeri fazermos reuniões a cada dez dias durante um mês. Escolhi dez clientes e expliquei que precisava daquilo, pois não conseguia entender o que ocorria ao meu redor. Todas as lojas estavam sempre lotadas. Em um shopping no Rio de Janeiro onde circulavam 140 mil pessoas por dia, só meu restaurante estava vazio. Perdia noites de sono atrás de uma resposta. Foram justamente os meus poucos consumidores que deram a dica que talvez tenha sido a mais valiosa que já tive na vida. Eles disseram: "Camila, você criou um negócio para você, não para o seu cliente". Diante daquilo, refleti. Todo lilás e branco e batizado como Farani Delicaffe. Coloquei um café no nome, mas aquilo não tinha nada a ver com o negócio. Eles ainda disseram: "Ninguém reconhece isso aqui como restaurante. Você criou um novo conceito, mas ninguém sabe o que ele significa. Você criou isso para você".

Mudança em 180 graus

A partir daquilo, decidi fazer um reposicionamento de marca. Mudei o nome. Saiu Delicaffe. Agora era o Farani Fresh Food. Troquei a decoração. Como divulgação, peguei as colaboradoras de diversas operações e, todas as manhãs, durante quinze dias, elas colocavam nossos folders por baixo das portas de escritórios. Eu traçava toda a logística.

Eu queria tornar o ambiente mais agradável, intimista. Por isso pensei numa decoração feita com madeira. Mas não havia dinheiro para comprá-la. A solução foi usarmos lascas de madeira a fim de mudar a cara do restaurante, atrair os clientes e ter melhores resultados. A nova decoração, sem aquele branco, deu certo. Entrávamos no quarto mês de operação e havia um risco muito grande. Mas deu resultado. Pela primeira vez, havia fila na nossa porta. No quinto mês, atingimos o ponto de equilíbrio, quando as receitas se equipararam às despesas. Já não estávamos mais sangrando. No sexto mês de operação, eu estava trabalhando no restaurante quando o Sergio Bocayuva, ex-presidente da rede de produtos saudáveis Mundo Verde, me procurou.

inquietude crônica   **35**

Ele havia acabado de comprar a Mundo Verde juntamente com um *private equity*[2] com captação em grandes bancos franceses. Sergio disse que estava numa feira quando alguns fornecedores lhe disseram que havia uma menina que tinha criado um restaurante de alimentação saudável formatado para virar franquia. Ele me disse que ia fazer exatamente isso na Mundo Verde.

O detalhe adicional é que o grupo deles tinha milhões de euros em caixa e ia montar um negócio igual ao meu. Quando ele me disse isso, eu, toda orgulhosa por ter fila na minha porta, disse: "Então, Sergio, seremos concorrentes!". Abismado com minha ousadia, ele insistiu que poderíamos trabalhar juntos. Era isso ou comprar uma briga difícil de ganhar com a gigante que estava se posicionando no mesmo nicho que eu.

Lembro de olhar para o Sergio e dizer que iria pensar mais um pouquinho. Na época, consultei meu "conselho": minha mãe e meu marido na época, hoje ex-marido. Todos disseram: "Você está diante de um cavalo selado". Não nego que tive muito medo, mas aceitei o desafio.

Lembro que isso me fez pensar em algo que aconteceu muito antes. No colégio militar onde estudei, tive um professor que, ao ver minha nota, a menor dentre todos na classe, disse: "Você é uma excluída desta turma". Aquela era a classe com os melhores alunos e ser expulsa dela significava que eu era uma perdedora, não era capaz de acompanhar os outros e não merecia um lugar de destaque. Aquele novo desafio era como ter de me manter entre os melhores alunos ou cair.

O mundo era verde

A partir dali, eu seria diretora e sócia da nova empresa do Grupo Mundo Verde. O dono da rede me disse que mandaria o modelo de avaliação de

---

2   De modo geral, é uma modalidade de investimento em que uma gestora – companhia que administra investimentos – compra parte de determinada empresa e se torna sócia do negócio com o objetivo de alavancar seus resultados e aumentar o valor da companhia. Esse fundo lucra ao vender sua parte do negócio após contribuir para a valorização.

viabilidade, o *term sheet*, e o DRE projetado para dois anos, e eu respondi: "Sergio, não sei nem o que é DRE". E não sabia mesmo. Apenas para pontuar, DRE é a sigla para Demonstrativo de Resultado de Exercício. Ao ouvir minhas lamentações, Sergio retrucou: "Camila, tenho sócios que, se fossem montar um carrinho de pipoca, fariam tantas contas e planejamentos que jamais abririam o negócio. Eu preciso de alguém de execução!". Aquilo me eletrizou. Era o que precisava ouvir.

Meus desafios na nova função eram buscar conhecimento para passar a entender de números e pegar uma hora e meia de estrada todo dia, porque na época a sede da Mundo Verde era na região serrana do Rio. Essa nova experiência foi realmente uma das mais ricas que vivi em toda a minha carreira. Mas sempre acrescento que tive muito medo. O meu primeiro ímpeto foi o de recusar. Antes de tomar qualquer decisão, no entanto, em um final de semana me isolei numa casa no interior da Bahia, onde li *Os segredos da mente milionária*,[3] de T. Harv Eker. Saí de lá e disse: "Vou aceitar!", mesmo insegura.

Por isso, recomendo: você está com medo? Então vá assim mesmo. Porque esse sentimento precisa existir, uma vez que ele é um mecanismo natural de proteção. Tenho medo todos os dias, reconheço e aceito isso. Encarei todos os novos desafios com mais consciência. Abrimos quatro lojas da Mundo Verde. E tudo foi acontecendo.

Porém, após dois anos como diretora-executiva e sócia, percebi que estava infeliz. Era aquela minha inquietação de empreendedora. Descobri, em pleno voo, que não queria ser executiva, me coçava naquela cadeira. Por isso, disse ao Sergio: "Quero sair". E ele, sem esconder a surpresa, falou: "Como assim? Você estava naquelas lojinhas e hoje tem reuniões com o presidente da Sadia...". Ao final, o Sergio entendeu meu ponto de vista e veio a se tornar um grande mentor para mim.

---

3 EKER, T. H. **Os segredos da mente milionária**. Rio de Janeiro: Sextante, 2010.

inquietude crônica

Eu quero mesmo empreender

Voltei para o meu negócio com o seguinte pensamento: tive dois anos de grande aprendizado, agora era colocar em prática. A partir dali, criei o Grupo Boxx, que agrupava todas as marcas que fundei. Abri mais outras duas empresas focadas em café, uma delas a Farani Caffè. Também fundei uma empresa na área de eventos, uma ramificação das outras marcas, porque desejava prestar serviços nesse campo devido à alta procura. Ganhamos prêmios ao ficar entre as dez melhores *coffee shops* do Brasil. Chegamos a registrar um crescimento de 13% ao ano.

Em uma determinada época, um amigo, que viria a se tornar um grande mentor na minha trajetória, me disse: "Camila, agora que você melhorou de vida, quero que venha conhecer o que é investimento-anjo". E acrescentou: "Funciona assim, você coloca o dinheiro numa empresa que está começando e vai ter o retorno do seu dinheiro multiplicado por 2, 5 ou 7 vezes mais daqui a cinco, seis ou sete anos. Isso se você tiver algum retorno do seu capital".

Lembro da minha primeira reunião no Gávea Angels; ao meu lado havia vinte pessoas, todos homens. Detalhe: todos nós, naquela sala, estávamos avaliando o pitch de uma mulher que tinha idealizado uma empresa de *e-commerce* voltado para mulheres! Fui a primeira mulher investidora do grupo, mas há quem diga que fui a primeira em todo o Brasil. Embora eu não consiga confirmar com certeza esse dado, o fato de ser uma das pioneiras, mesmo que não a primeira, me enche de orgulho. Para você ter ideia, atualmente, entre 7% e 12% dos investidores-anjo no Brasil são mulheres.[4] Naquela época isso era zero ou praticamente zero.

Após um ano e meio como investidora-anjo, dois outros investidores me procuraram e disseram que planejavam criar um laboratório

---

4 CHIBA, M. F. Apenas 12% dos investidores anjo no Brasil são mulheres. **Folha de Londrina**, Londrina, 1 jul. 2019. Disponível em: <https://www.folhadelondrina.com.br/economia/apenas-12-dos-investidores-anjo-no-brasil-sao-mulheres-2949204e.html>. Acesso em: 12 mar. 2021.

de startups e queriam uma sócia. Criamos a Lab 22. Uma vez mais, tive medo. Mas novamente encarei o desafio e entendi que as relações precisam se basear em respeito mútuo, objetivos comuns e complementariedade. Esse último conceito significa buscar ter pessoas melhores do que você no seu negócio, em seus projetos. Isso requer maturidade e, sobretudo, humildade para reconhecer que existem indivíduos mais capacitados do que nós em algumas áreas. E não há problema algum nisso, muito pelo contrário, pois, ao somar forças, todos vão ganhar. Você, o seu parceiro e o negócio de vocês.

Por falar em sociedade, há uma analogia entre o momento de ter um sócio e o casamento que é perfeita. Se um dos dois quer ter filho e o outro não quer, esquece. Em algum momento, o relacionamento vai falhar. O objetivo tem que ser o mesmo. Vejo que grande parte da mortalidade de novas empresas, sejam elas startups de tecnologia ou não, ocorre por conflito entre os fundadores. Na Lab 22, fizemos aproximadamente catorze investimentos, com mais de 10,2 milhões de reais envolvidos, juntamente com outros 43 anjos do Brasil inteiro. Uma das minhas saídas veio de lá.

Em paralelo, nunca deixei de lado a minha busca por conhecimento. Por isso, em 2014, fui para um ciclo de estudos na Universidade Stanford, uma das mais prestigiadas do mundo. Após ler *Comece por você*,[5] escrito por Reid Hoffman, cofundador do LinkedIn, e Ben Casnocha, decidi que iria estudar mais. Esse livro foi um divisor de águas para mim, pois traz lições valiosas sobre comportamento, empreendedorismo e posicionamento de carreira. Nele, os autores afirmam que você pode não ter um diploma de Harvard ou da USP, também pode não ter sido a melhor da sua sala, mas há uma forma de compensar isso. Com muita energia e ao lado de pessoas extraordinárias. Sendo muito bom no que você faz. Estudando muito.

---

5 HOFFMAN, R.; CASNOCHA, B. **Comece por você**: adapte-se ao futuro, invista em você e transforme a sua carreira. Rio de Janeiro: Alta Books, 2019.

inquietude crônica

Você também sofre de inquietude crônica?

Como viu, o meu caminho não foi linear. Aliás, acredito que a história de nenhum empreendedor acontece sem muitas curvas pela estrada. No entanto, quis compartilhar esse resumo da minha história para que você talvez possa enxergar o ponto em que se encontra. Pode ser que esteja:

> » Questionando se deve permanecer no negócio em que está;
> » Perdendo o sono por não entender por que sua clientela está tão baixa;
> » Em dúvida sobre iniciar um projeto por conta própria ou optar por uma sociedade;
> » Em busca de investimento para o seu negócio;
> » Tentando descobrir como melhorar os resultados da sua empresa;
> » Com medo de dar ouvidos à voz da inquietação chamando para fazer algo novo com todo o conhecimento que possui.

Essas e tantas outras angústias acontecem porque, além de inquietos, acredito que você e eu somos inconformados. Ao saber que é possível obter mais realização (pessoal, profissional, financeira etc.), somos impelidos a agir – correndo o risco de atropelar coisas importantes, ou o de travarmos quando não conseguimos decidir. No início eu cometi diversos erros porque, como aconteceu no Farani Delicaffe, não analisava minhas empreitadas com visão 360, algo de que todo e qualquer empreendedor precisa para prosperar. Então, independentemente de qual desafio seja o seu, quero ajudar você com o passo a passo que gostaria de ter recebido quando comecei.

Capítulo 2
Não há para onde fugir: o mercado mudou definitivamente

não há para onde fugir

Vamos começar com um exercício de memória. Pense no Brasil e no mundo e avalie: o que mudou se os compararmos com suas versões de um, cinco, dez, quinze ou vinte anos atrás? E como tais alterações tiveram impactos profundos no que se refere ao ato de empreender e no mercado como um todo?

Mudanças amplas causadas pela entrada de novas tecnologias no mercado, novos padrões de comportamento, novas leis, regras, tendências, formas de se comunicar, de se informar, de se posicionar como indivíduo e empresa etc. Se olhar para esse passado, fica claro como o cenário se transformou e vem se modificando em velocidade crescente. Então, uma coisa é certa: **mudanças ainda mais radicais, em larga escala e de forma cada vez mais acelerada estão no horizonte.**

Se alguém ainda tinha alguma dúvida disso antes, a partir do primeiro trimestre de 2020, quando o mundo todo passou a viver sob tensão, as incertezas e os efeitos decorrentes da pandemia da covid-19, foi impossível negar a força e a dimensão das alterações que deixaram e ainda deixam marcas profundas em nossa sociedade e em todas as relações humanas.

Você está pronto para esse "admirável mundo novo"? Até que ponto você e seu negócio estão realmente preparados para o que está por vir? Serão épocas de enormes desafios, mas, com certeza, de grandes oportunidades. Diante disso, algumas dúvidas povoam a mente de todo empreendedor. Como fazer para o negócio se ampliar de uma maneira relevante sem perder o controle dos recursos financeiros, do tempo e das pessoas envolvidas?

Se essas já são algumas das perguntas-chave para o presente, adicione mais uma questão urgente à lista: **como construir e gerir empreendimentos na era dos Negócios Mutáveis?**

Ufa! Como você pode perceber, não é pouca coisa. Para começar a trilhar um caminho que nos leve até essas respostas, primeiro precisamos definir alguns pontos básicos. Vamos começar pelo fim: afinal, o que é esse conceito de Negócio Mutável? Que bicho de sete cabeças é esse?

Todas as revoluções

Bem, o Mutável faz referência às radicais e velozes mudanças ligadas à chamada Quarta Revolução Industrial, ou indústria 4.0, termos pelos quais especialistas, teóricos e estudiosos de diversas áreas definem o atual momento. Isso ocorre depois de três processos históricos que transformaram de maneira definitiva o mundo e as relações humanas, com desdobramentos em aspectos sociais, políticos e econômicos.

Entre 1760 e 1830, aproximadamente, ocorreu a Primeira Revolução Industrial, assinalada pela passagem do trabalho manual para uma produção utilizando máquinas. Por volta dos anos 1850, tivemos a Segunda, com a eletricidade tornando possível a manufatura em larga escala. A Terceira se desenvolveu a partir da metade do século XX, com os computadores e seus incontáveis impactos na eletrônica e nas telecomunicações, o que resultou em uma velocidade crescente na produção e no fluxo de informações de uma forma inédita.

não há para onde fugir

Mas, se no fim do século XVII a revolução se concretizou por meio de máquinas a vapor, agora na Quarta Revolução, isso está a cargo de robôs e da inteligência artificial, tecnologias integradas em sistemas que fundem o físico e o digital. E, sobretudo, estamos falando de um momento em que a imensidão de dados existentes pode ser processada e utilizada das formas mais variadas.

O economista alemão Klaus Schwab, autor de *A Quarta Revolução Industrial*, definiu assim este nosso momento:

> **Estamos a bordo de uma revolução tecnológica que transformará fundamentalmente a forma como vivemos, trabalhamos e nos relacionamos.**
> **Em sua escala, alcance e complexidade, a transformação será diferente de qualquer coisa que o ser humano tenha experimentado antes.[6]**

Em 1971, Schwab fundou o Simpósio Europeu de Gestão, que em 1987 viria a se tornar o Fórum Econômico Mundial, realizado anualmente em Davos, na Suíça.

Como gerir um novo mundo

Ok, você já sabe que tudo está mudando de maneira radical. A transformação digital afetou drasticamente os modelos de negócio, o que fez com que a gestão precisasse se adaptar às mudanças e novas exigências do mercado. A administração passa a ser mais flexível, integrada e interativa para acompanhar a forma como as empresas produzem e utilizam os recursos tecnológicos em suas rotinas.

A partir do uso de tecnologia de modo inteligente, a ideia é se concentrar na experiência dos consumidores e dar conta dos novos rumos

---

6   SCHWAB, K. **A Quarta Revolução Industrial**. São Paulo: Edipro, 2018.

e comportamentos do mercado. As palavras de ordem nas companhias são interagir e trabalhar de acordo com as expectativas dos clientes, de forma a satisfazer suas necessidades. Na era dos Negócios Mutáveis, marcada pela gestão 4.0, o conceito *omnichannel*, com canais 100% integrados, passa a incorporar todas as áreas da empresa, da criação de produtos à entrega. Ou seja, o consumidor não percebe diferenças em suas experiências no mundo on e no off-line, tal a conexão entre os pontos de contato que o negócio pode oferecer (loja física, virtual, atendimento via redes sociais etc.). O ponto-chave aqui é: não há como fugir disso e não importa qual o seu tamanho, é inegociável que você consiga controlar e oferecer qualidade em todos os pontos de contato com seu público.

Empreender hoje significa querer se debruçar sobre um mercado volátil, incerto, complexo e ambíguo. Você precisará estar forte o bastante, ter estrutura e processos para conseguir navegá-lo. Seu primeiro desafio nessa jornada é dominar a si mesmo. Somente assim conseguirá avançar com estratégia, colaboração e, claro, com resultados.

A única certeza: teremos dúvidas

Talvez você esteja pensando: *Poxa, Camila, mas falar de tudo o que envolve esse novo tipo de gestão é muito bonito e parece algo óbvio, mas a realidade é bem diferente.* E eu respondo: "Sim, eu sei".

No entanto, é justamente por isso que decidi escrever este livro. Quando temos o nosso próprio negócio, descobrimos que, ao longo do caminho, vamos carregando diversas pedras que, eventualmente, nos impedem de prosseguir. São elas a falta de controle financeiro, má gestão do tempo, vontade de querer fazer tudo ao mesmo tempo, sensação de não conseguir completar nada, falta de colaboração e baixa capacitação dos colaboradores, entre outros pontos críticos.

não há para onde fugir

No decorrer da minha carreira, acredite, foram inúmeras as vezes em que me deparei com situações desafiadoras que envolviam os temas específicos que citei anteriormente. E, ao viajar pelo país, entre eventos, palestras e reuniões profissionais, coletei alguns questionamentos frequentes que costumam surgir e que tiram o sono dos empreendedores no atual cenário de negócios. Em resumo:

» **Quais são as dores do meu público? O que ofereço para saná-las?**
» **Como adquirir mais clientes? Como retê-los?**
» **Qual é o segredo da gestão de equipe (contratar, ouvir e capacitar)? Como agir para que, juntos, consigamos alcançar a melhor performance possível?**
» **Como motivar as pessoas que trabalham comigo?**
» **Como cuidar da gestão financeira de modo eficiente?**
» **Quais estratégias usar para um crescimento exponencial?**
» **Como é possível sanar os problemas financeiros da empresa para, então, gerir os lucros?**
» **Como aperfeiçoar minhas habilidades de negociação?**
» **Como escolher o sócio certo na hora certa? Como lidar com sócios?**

Essas e outras perguntas podem estar em sua mente neste momento, gerando ansiedade por respostas que o assegurem de que você está pronto para o próximo passo. Porém, não dá para encontrar essas respostas sem que antes você responda à pergunta mais importante para o seu negócio.

Por que você escolheu o caminho do empreendedorismo?

Para começar a tratar de cada um dos temas acima, é preciso pontuar algumas coisas relevantes. Logo de cara, deve-se ter em mente que falar sobre empreendedorismo é, antes de tudo, refletir a respeito de motivações. Alguma vez você já parou para pensar o que o levou a querer empreender? Será que para você isso é uma espécie de sonho? Trata-se de algo que o motiva? Ou, ainda, seria uma percepção de que você poderá ganhar mais ou ter mais flexibilidade, por exemplo?

Digo tudo isso porque a verdade é que empreender significa algo bastante trabalhoso e, por consequência, exige uma dose cavalar de dedicação. Nas minhas palestras, uma recomendação que não canso de repetir é que as pessoas não devem criar um negócio pensando exclusivamente no lucro que possam ter ou achar que tudo vai dar certo rapidamente. Nada é mais distante da realidade.

O ato de empreender pode ser sempre comparado a uma verdadeira roleta-russa, uma vez que existem inúmeras variáveis que definitivamente influenciam no processo. Por isso, busco conscientizar todos que me procuram em pontos básicos. O primeiro deles é que só dá para avançar conhecendo o problema que deseja resolver, ou seja: quais são as dores do público que pretende alcançar? No fim das contas, seu produto ou serviço tem de entregar valor a quem o utiliza.

Entregar valor é realmente oferecer algo que impacte aqueles que têm contato com o seu produto ou serviço. Esse valor precisa transparecer em toda a sua organização: a começar pela clareza de propósito que você tem, continuando por todos que fazem parte do seu time e compartilham a mesma visão, até chegar à ponta, ao cliente final, que valida aquilo que antes estava apenas no mundo das ideias e do planejamento.

Radar de oportunidades

No entanto, muito embora empreender seja um verdadeiro desafio, ao mesmo tempo (ou justamente por isso), é uma área apaixonante. Uma coisa é certa: ser empreendedor significa se aprimorar e buscar conhecimento constantemente. Ter o máximo de informações

Empreender hoje significa querer se debruçar sobre um mercado volátil, incerto, complexo e ambíguo. Você precisará estar forte o bastante, ter estrutura e processos para conseguir navegá-lo.

sobre o seu negócio, sobre o mercado em que atua, sobre os outros empreendedores da área e os seus comportamentos, mas, sobretudo, sobre si mesmo.

Sim! Quanto mais uma pessoa empreende, mais ela terá que conhecer seus pontos fortes e vulnerabilidades, seus limites e aquilo que faz com excelência. Neste sentido, acredito que se autoconhecer é um requisito vital nesse processo de construção de um empreendimento. Tanto para entender melhor a si mesmo e as suas competências como para compreender melhor as pessoas.

Afinal, a minha atuação como investidora é, sobretudo, entender o outro. Porque no final do dia o capital é apenas uma ferramenta para ajudar as pessoas a realizarem algo que seja importante e relevante para a sociedade.

Além do autoconhecimento, no entanto, precisamos buscar algumas formas de automotivação diariamente. Para isso, aliás, não é preciso nem ser empreendedor. Todos nós somos intraempreendedores de nós mesmos, autores de nossas vidas, estejamos conduzindo negócios ou não.

Olhar para si mesmo é tão importante quanto olhar para o que está ocorrendo ao nosso redor. Existem muitas oportunidades a explorar que podem originar novos produtos e serviços com demanda e potencial de crescimento. Mesmo em momentos de crise, há incontáveis possibilidades que podem ser aproveitadas. Aliás, algumas grandes empresas nasceram em circunstâncias como estas.

A área de serviços de saúde, por exemplo, passou por grandes mudanças no mercado de consultas a custos baixos dessa forma. Alguns empresários, entre eles pessoas ligadas diretamente aos médicos, identificaram a dor daqueles a quem ofereciam atendimento: longas horas de trabalho e, muitas vezes, sem uma remuneração justa. Mas o olhar deles também enxergou a outra ponta: pacientes que sofriam com o sistema público e não tinham condições de arcar com os custos de um plano de saúde. Se no início esse negócio focava

não há para onde fugir

apenas a população de baixa renda, com a crise agravada no país entre 2016 e 2019, logo as empresas desse ramo passaram a atender todas as classes sociais.

Se tivessem focado o negócio como um consultório tradicional num momento de crise do país, a história seria completamente diferente.

Excel é muito importante, mas é preciso ir além dos números

Vivo dizendo e acredito muito que, mais do que os números ou a parte técnica de um negócio, o que me encanta é a garra de quem está construindo essa jornada: gosto quando é possível sentir toda a vontade de fazer dar certo e a paixão que o empreendedor tem pela empresa. Definitivamente, isso é o que mais me chama atenção. No programa *Shark Tank Brasil*, por exemplo, em que empreendedores buscam investidores, conseguimos sentir isso por meio da postura, das atitudes, do jeito que a pessoa fala, pelas informações que domina sobre o negócio. E sim, ter domínio dos números importa, e muito. Estudar, aprender, buscar conhecimento são alguns dos meus mantras. Aliás, são algumas das coisas que mais repito para mim e para quem está ao meu redor.

É claro que não é só isso. Ainda usando o programa como exemplo, nele avaliamos também o quanto cada indivíduo tem visão estratégica, se sabe para onde vai. Existem empreendedores, por exemplo, que só pensam no chamado *lifestyle business*, que é o conceito de ter um negócio quase que por hobby. No fim, não tem problema algum em você querer ter algo do tipo. Porém, saiba que hobbies não geram empresas performáticas. Se você estiver de acordo com isso, ok.

Ou seja, empreendedor por hobby se trata de alguém que não tem perfil para conseguir investimentos. O empreendedor que busca o apoio de um investidor deve saber que a aplicação em qualquer empreendimento precisa retornar a quem investiu. Por essa razão, como investidora, dou preferência àquelas pessoas que demonstram verdadeiramente foco em estratégia de crescimento exponencial.

Para mim, outro ponto importante na concepção e no desenvolvimento de um produto ou serviço é o que chamo de "ir para a rua". Afinal, é lá que está o público. Somente estando perto dele, ouvindo e observando, que o empreendedor conseguirá entender os rumos do que ele está criando. Não dá para ter essa percepção estando dentro de uma sala de escritório, com o conforto do ar-condicionado, em um ambiente afastado de onde as coisas realmente acontecem.

Essa, aliás, é uma das grandes lições de Steve Blank,[7] considerado um dos pais do empreendedorismo moderno e autor de diversos livros, entre eles o *Startup: manual do empreendedor*,[8] escrito em coautoria com o empreendedor em série Bob Dorf. Blank não se cansa de repetir: "em uma startup, não existem fatos dentro do escritório, somente opiniões". E, diante disso, ele decreta: "saia do escritório!". A orientação é clara: vá até onde os consumidores estão, a fim de desenvolver produtos vencedores, aqueles que os clientes efetivamente vão comprar.

A arte de empreender

Falei anteriormente que o empreendedor é um ser inquieto por natureza. Pois aqui acrescento que ele também é alguém sensível o bastante para enxergar todas as oportunidades que estão postas no cenário. E não faltam caminhos para se desenvolver.

Por isso eu digo que empreender é uma arte e, como tal, requer dedicação, foco, muito treino, estudo e, acima de tudo, coragem. Afinal, se você não apresentar sua obra para o mundo, será para

---

7   BLANK, S. **About Steve**. [S. l.]. Disponível em: https://steveblank.com/about/. Acesso em: 07 fev. 2021.

8   BLANK, S.; DORF, B. **Startup**: manual do empreendedor. Rio de Janeiro: Alta Books, 2014.

não há para onde fugir

sempre um talentosíssimo desconhecido. E, talvez, você me pergunte: "Mas qual o problema disso, Camila?".

Bem, depende da sua motivação para empreender. Lembra-se dela? Se a sua motivação for transformar realidades ou, como no meu caso, compartilhar todo o conhecimento que adquiri com o maior número de pessoas, para que nasçam negócios revolucionários e com alto potencial de fazer a diferença, então desistir não é opção. Como não foi opção para mim, uma vez que eu jamais poderia me esconder atrás das minhas dúvidas e incertezas.

Perceber isso me ajudou a organizar minhas ideias, a estruturar melhor meus negócios e a ter todo meu time alinhado à mesma visão.

Então, antes de avançarmos, reforço a afirmação que deu título a este capítulo: não há para onde fugir. O mercado mudou definitivamente, então para crescer nele você precisa estar disposto a dar o máximo de si.

Quando pensamos nos grandes empresários, enxergamos algo em comum: **eles foram além do óbvio, pensaram fora da caixa**. Eles enxergaram soluções quando o resto do mercado só via dificuldades. E é essa habilidade que eu quero ajudá-lo a desenvolver.

Capítulo 3
Três erros fatais ao empreender

7

três erros fatais ao empreender

Num cenário de mudanças radicais como é o nosso, precisamos encontrar estratégias que gerem destaque àquilo que entregamos. Para conseguirmos avançar, porém, antes precisamos nos certificar de que o seu negócio está blindado dos erros mais comuns cometidos por empreendedores e gestores, especialmente em fase inicial. São eles:

- » **Manter-se informal;**
- » **Não analisar devidamente o modelo de custo e preço;**
- » **Subestimar a própria capacidade de entrega.**

Cultura da informalidade

A cultura da informalidade é um dos fatores que mais atrapalham a vida de muitos empreendedores. É aquela ideia de que dá para ir fazendo as coisas no impulso, sem planejamento, metas nem estrutura. Ao olhar de perto as empresas que funcionam dessa maneira, é comum enxergar que a atenção do gestor está no dinheiro que entra no caixa, e não no fluxo de trabalho bem resolvido, que entrega resultados de qualidade aos seus clientes.

Se a sua ideia inicial não estiver alinhada a um modelo de negócio estruturado nem orientada para resolver um problema com soluções que realmente atraiam o seu público ideal, você corre o risco de se jogar num verdadeiro mar de tubarões que o engolirão a qualquer momento.

E, infelizmente, isso acontece na maioria dos casos. O forte desejo de empreender faz com que você se lance num projeto sem antes ter dedicado tempo o bastante para definir seu objetivo. Você começa a testar suas ideias sem saber o que exatamente está avaliando e, assim, pode quebrar a cara, algumas vezes de maneira definitiva (isso se já não tiver passado pela experiência frustrante de apostar muitas fichas em algum projeto que, no fim, não gerou nenhum resultado).

Quando falo da cultura da informalidade me refiro a erros comuns, mas muito graves: não ter o negócio formalizado juridicamente, não pagar os impostos devidamente, não oferecer todos os benefícios aos quais seus colaboradores têm direito, comprar de fornecedores que não cumprem todos os requisitos de responsabilidade social e empresarial... entre tantas outras negligências justificadas por necessidade de economia, pelo tamanho da empresa, pela urgência. Contudo, essas justificativas só mascaram o ponto realmente crucial aqui: um negócio assim é repleto de furos e incoerências. Algo inadmissível no mercado atual se o desejo é construir um negócio relevante, com potencial de crescimento e, claro, resultados positivos.

Garantir a formalidade, a responsabilidade empresarial e os requisitos para a base de uma empresa sólida são passos muito importantes. É isso ou entrar nas estatísticas que apontam, segundo o Instituto Statistic Brain, que 50%[9] das startups fracassam nos

---

9 STATISTIC BRAIN RESEARCH INSTITUTE. **Startup Business Failure Rate By Industry**. Disponível em: https://www.statisticbrain.com/startup-failure-by-industry/. Acesso em: nov. 2020. Este artigo também cita os dados: Entrepreneur Europe. Why Some Startups Succeed (and Why Most Fail). Disponível em: https://www.entrepreneur.com/article/288769#:~:text=This%20statistic%20is%20based%20on,70%20percent%20after%2010%20years. Acesso em: nov. 2020.

três erros fatais ao empreender

primeiros quatro anos de operação em virtude da falta de preparação ou de bases rasas para o negócio.

EMPREENDER POR NECESSIDADE × EMPREENDER POR OPORTUNIDADE

A informalidade está diretamente ligada à falta de preparo para abrir a empresa. E isso, muitas vezes, entra em convergência com o que chamamos de empreendedorismo por necessidade. Ou seja, algo acontece na sua vida, muitas vezes diante de uma situação emergencial, e isso o obriga a procurar uma nova fonte de renda sem grande planejamento. No Brasil, o empreendedorismo por necessidade encerrou 2018 respondendo por 37,5% das empresas em fase inicial.[10] Em 2015, esse percentual era de 43%. E o contraponto que faço aqui é com o empreendedorismo por oportunidade, ou seja, aquele que reconhece a atratividade do mercado e, a partir disso, lança-se nele. Neste segundo modelo, tivemos um crescimento de 56% em 2015 para 61% em 2018. Os números são da pesquisa Global Entrepreneurship Monitor (GEM), realizada em 49 países e apoiada pelo Serviço Brasileiro de Apoio às Micro e Pequenas Empresas (Sebrae) e pelo Instituto Brasileiro da Qualidade e Produtividade (IBQP) no Brasil.

Na edição de 2019 sobre o cenário brasileiro, a pesquisa GEM avaliou também a motivação dos empreendedores, ampliando sua análise para além das categorias "por necessidade" e "por oportunidade". Uma das conclusões mais alarmantes e que me chamou atenção foi o fator "escassez de emprego" ser responsável por levar 88,4% dos entrevistados a empreender, estando, assim, muito à frente das outras opções: "fazer diferença no mundo" (51,4%),

---

10 INSTITUTO Brasileiro de Qualidade e Produtividade. **Empreendedorismo no Brasil**: Relatório Executivo 2018 – Global Entrepreneurship Monitor. Disponível em: https://ibqp. org.br/PDF%20GEM/Relat%c3%b3rio%20Executivo%20-%20Brasil%202018%20-%20 web.pdf. Acesso em: 07 fev. 2021.

"construir uma grande riqueza ou uma renda muito alta" (36,9%) e "continuar uma tradição familiar" (26,6%).[11]

A pesquisa aponta ainda um maior interesse dos brasileiros em ter o próprio negócio. Em 2018, entre os treze itens registrados pelo levantamento como "sonhos dos brasileiros", esse foi o que teve o maior aumento em pontos percentuais: era o sonho de 18% em 2017, e no ano seguinte pulou para 33%. Já o levantamento de 2019 mostrou que 38,7% dos brasileiros sonhavam em ter o próprio negócio, índice maior do que "fazer carreira numa empresa" (28,8%) e "fazer carreira no serviço público" (19,3%).

Analisando a realidade mais recente, ou seja, o impacto da pandemia causada pelo novo coronavírus em 2020, muitas pessoas tiveram de aderir ao empreendedorismo para enfrentar a queda de renda. Para que você tenha ideia da dimensão desse movimento, liderado pela urgência e necessidade, entre janeiro e setembro o país teve um aumento de 14,8% no número de microempreendedores individuais (MEIs) em relação ao mesmo período em 2019, atingindo a marca de 10,9 milhões de CNPJs registrados.[12]

O que todos esses dados mostram é que estamos passando por uma transição bastante intensa em nosso mercado – e essa mudança está cada vez mais próxima de cada um de nós. Basta refletir: quantos conhecidos seus decidiram seguir pelo caminho empreendedor no último ano? E nos últimos três anos? Tenho certeza de que, ao colocar em perspectiva, perceberá o aumento da comunidade empreendedora como uma realidade estabelecida cujo ritmo acelerado tende a se manter nos próximos anos.

---

11 INSTITUTO Brasileiro de Qualidade e Produtividade. **Empreendedorismo no Brasil**: Relatório Executivo 2019 – Global Entrepreneurship Monitor. Disponível em: https://ibqp.org.br/PDF%20GEM/Relatório%20Executivo%20Empreendedorismo%20no%20Brasil%202019.pdf. Acesso em: 07 fev. 2021.

12 VILELA, P. R. Pandemia faz Brasil ter recorde de novos empreendedores. *In*: **Agência Brasil**, 5 ago. 2020. Disponível em: https://agenciabrasil.ebc.com.br/economia/noticia/2020-10/pandemia-faz-brasil-ter-recorde-de-novos-empreendedores#:~:text=O%20Brasil%20caminha%2C%20em%202020,de%20empreendedores%20de%20sua%20hist%C3%B3ria.&text=Foram%201%2C15%20milh%C3%A3o%20de,do%20Empreendedor%2C%20do%20governo%20federal. Acesso em: 07 fev. 2021.

objetivo

O forte desejo de empreender faz com que você se lance num projeto sem antes ter dedicado tempo o bastante para definir seu objetivo.

Tal cenário abre uma série de perspectivas para os anos futuros, e, independentemente do que o levou a ter a própria iniciativa, o ponto que quero reforçar aqui é: quanto mais completo e consistente for o seu projeto, melhores serão as expectativas de resultado. Por essa razão, não dá para abrir mão de se desenvolver como gestor.

O preço certo

É muito comum começarmos um negócio, seja por necessidade ou por oportunidade, a partir das nossas habilidades. Estas serão utilizadas na entrega do produto ou serviço que vamos oferecer. Contudo, não necessariamente você tem conhecimentos específicos sobre gestão de negócios, e o aprendizado terá de ser rápido e com a mão na massa. Simples assim. Eu mesma não fiz nenhum curso de especialização em negócios quando comecei, só depois é que fui estudar sobre empreendedorismo e outros temas, como estratégias de criação de plataformas digitais.

Ou seja, quero dizer aqui que essa nova empreitada exigirá investimento não só para o negócio em si, mas em você, para estar apto a lidar com questões administrativas, financeiras, de marketing, recursos humanos, construção de times, logísticas, contabilidade e jurídicas. Isso o preparará para uma das fases mais difíceis – e geralmente um grande erro de quem está começando – que é o momento de precificar a solução que está oferecendo ao mercado.

Para começar, deve-se levar em conta os três Cs: custo, concorrência e consumidor. O que isso quer dizer? Que você pode aplicar os seus custos, incluir o seu *markup*[13] (índice utilizado na formação do preço de venda de um produto ou serviço) e, depois disso, chegar a um preço. Ainda assim você deve levar em conta a concorrência, quanto os outros estão cobrando por aquilo que você oferece.

---

13 MARKUP: o que é, como funciona, como calcular e exemplos. *In*: Fundação Instituto de Administração, São Paulo, 4 out. 2018. Disponível em: https://fia.com.br/blog/markup/. Acesso em: 07 fev. 2021.

três erros fatais ao empreender

Depois disso tudo, e mais importante ainda, é saber quanto o seu consumidor consegue pagar. Por exemplo, não faz muito tempo, pedi um orçamento a um fornecedor. A demanda era o desenvolvimento de um logotipo e o preço orçado foi dez vezes mais alto do que o mercado pratica. Embora ele tivesse tentado justificar o seu valor, não fechei o serviço, pois eu não conseguia enxergar o benefício que ele me geraria diante de outros fornecedores que, além de me atenderem, ofereciam uma proposta comercial mais interessante. Ou seja, se o consumidor não vê valor, simplesmente não paga.

Em segundo lugar, a discrepância entre o valor desse fornecedor e o mercado era tão grande que isso me gerou ainda mais dúvidas sobre a contratação. Como expliquei em artigo sobre o tema para a revista *Exame*,[14] precificar não é uma ciência exata. Por exemplo: você faz um cálculo preciso de todos os custos que envolvem o que pretende ser vendido, mas adianta alguma coisa se o resultado final desse cálculo for um valor que o seu cliente não estará disposto a pagar?

Por outro lado, você pode fazer uma pesquisa da concorrência e resolver se basear em um preço baixo para assegurar a aceitação dos clientes. Daí eu pergunto: valerá a pena se lançar em um mercado por preço sendo que esse valor mal cobre os custos? Se tiver a percepção de que está "pagando para trabalhar", então é melhor parar antes de o rombo financeiro aumentar.

É aquela história: pode até parecer básico saber cobrar o preço certo, mas saiba que nem todos os empreendedores acertam nesse quesito. Sua estratégia de precificação deve garantir a viabilidade do negócio! E este é um dos seus maiores papéis enquanto empreendedor: a construção de uma empresa que seja sustentável e gere valor para todo o ecossistema no qual está inserido.

---

14 FARANI, Camila. 3 aspectos que ajudam a definir o preço de um produto. **Exame**, São Paulo, 15 mar. 2018. Disponível em: https://exame.abril.com.br/pme/3-aspectos-que-ajudam-a-definir-o-preco-de-um-produto/. Acesso em: 07 fev. 2021.

DICAS PARA PRECIFICAR

Certamente você sabe o preço de venda do seu produto, mas poucos empreendedores sabem exatamente qual o custo do seu produto. Raros são aqueles que realmente conhecem o valor do seu produto. Adotar a estratégia de precificação adequada para o negócio é a chave para seu diferencial competitivo.

Vantagens de uma boa estratégia de precificação:

> aumento da lucratividade;

> satisfação do consumidor;

> comunicação do valor do produto;

> competitividade em relação à concorrência;

> sustentabilidade do negócio;

> adaptação ao público-alvo;

> redução de riscos;

> aumento do faturamento do negócio.

Para desenvolver o processo de precificação, você deve observar:

1. O objetivo da empresa (alguns exemplos):

> Qual a estratégia de crescimento do seu negócio?

> Quer aumentar massivamente o volume de vendas?

> Deseja oferecer produtos exclusivos e sofisticados para um mercado de luxo?

A Amazon entendeu o perfil de comportamento do seu consumidor e é especialista em apresentar soluções de compra agregada em produtos, além de, mais recentemente, inclusive associar benefícios na compra de produtos físicos para quem for cliente também no seu serviço de assinatura. O resultado disso é que a companhia tem apresentado lucros recorde.[15]

Então, se você tem baixo ticket médio, seu primeiro objetivo deve ser crescer:

---

15 AMAZON lucra U$8,1 bi no primeiro trimestre, o maior de todos os tempos, com alta de 200%. **O Globo**. Disponível em: https://oglobo.globo.com/economia/amazon-lucra-us-81-bi-no-primeiro-trimestre-maior-de-todos-os-tempos-com-alta-de-mais-de-200-24994873. Acesso em: 28 jun. 2021.

2. Clientes:

> Quais as necessidades da sua persona?

> Identifique o quanto ela está disposta a pagar.

Se hoje você reduzisse significativamente o preço do seu produto, isso faria a demanda e as vendas aumentarem ou, embora trouxesse clientes novos, faria a sua persona deixar de enxergar valor no seu produto?

3. Custos:

> Custos fixos não se alteram com o aumento da receita.

> Custos variáveis se alteram com aumento de vendas.

> Ponto de equilíbrio: quantos produtos você precisa vender mensalmente para a empresa não ter prejuízo?

O **ponto de equilíbrio** (*break even point*) é uma ferramenta de gestão financeira que permite encontrar o ponto de equilíbrio do negócio, ou seja, qual é exatamente a quantidade de produtos que precisam ser vendidos mensalmente para que a empresa não tenha prejuízo.

Fórmulas:

Ponto de equilíbrio = custos e despesas fixos/margem de contribuição

Margem de contribuição = receita - custos variáveis

Exemplo de custos: imagine que seu produto é uma cerveja artesanal vendida por 20 reais, com custos fixos de 3 mil reais (aluguel, salários) e custos variáveis de 10 reais por unidade (matéria-prima, embalagem):

Margem de contribuição = 20 - 10

MC = 10

Ponto de equilíbrio = 3000/10

PE = 300 unidades

Ou seja, você vai precisar vender ao menos trezentas garrafas para não ter prejuízo.

Custo fixo é aquele que não se altera mediante o seu aumento de faturamento (como os salários e o aluguel).

Custo variável é aquele que quanto mais você vende, mais aumenta (como matéria-prima e embalagem).

Custos fixos + custos variáveis = custos e despesas totais

Confie na sua visão

Assegurar o cumprimento de todas as suas responsabilidades enquanto empresário e estar apto a enxergar e aproveitar as oportunidades do mercado para desenhar uma estratégia sustentável para seu negócio exigem uma atitude corajosa. E é por isso que quero encerrar este capítulo propondo uma reflexão sobre a importância de você parar de se subestimar.

A escolha de perseguir o sonho de empreender gera muitos receios. Eu entendo, também os sinto. A sua tarefa, no entanto, é não se deixar paralisar por eles.

É preciso reconhecer o que se sente, admitir os próprios temores. Ter clareza do que de pior e melhor pode acontecer com você em cada situação faz com que seja mais fácil se planejar, se preparar para enfrentar quaisquer adversidades. Acolher a insegurança muitas vezes é a melhor estratégia para ficar mais tranquilo e encontrar as respostas necessárias.

Costumo recomendar às pessoas que, antes de dar grandes passos, como abrir um negócio ou implantar uma nova área financeira na empresa em que trabalha, é melhor começar com ações menores, mais fáceis de implantar. Assim, você vai começar a mandar para si mesmo a mensagem: "era mais fácil do que eu imaginava". Servirá como um excelente estímulo.

O medo é uma constante em todos os contextos: para quem abrir uma empresa, para quem quer fazer uma palestra, para quem precisa se expor. Porém, se você não for lá e fizer, alguém o fará.

Você se deparará com atritos o tempo todo, variáveis que acontecem na vida da gente todos os dias e podem atrapalhar os nossos projetos, por isso a mentalidade de eterno aprendizado será um pré-requisito. A metodologia das startups, a qual serve de inspiração para qualquer tamanho de empresa, é exatamente esta: estar o tempo todo testando, aprendendo, voltando atrás, corrigindo o que deve ser corrigido.

três erros fatais ao empreender

Quando você faz isso, os atritos em seu caminho naturalmente serão reduzidos. Você passa a alinhar melhor as coisas consigo mesmo e com a sua equipe, trazendo todos para uma participação ativa na questão que precisa se resolver.

Com a velocidade com que as coisas acontecem nos dias de hoje, não existe outro caminho a não ser saber reajustar a rota o tempo todo. Isso exige flexibilidade e disposição para recomeçar sempre que for necessário.

Estabeleça um ritual que o ajude a se colocar com a energia certa para enfrentar tudo aquilo à sua frente. Quando estou diante de uma situação que me deixa desconfortável, costumo ouvir sempre a mesma canção: "Simply the Best", da Tina Turner. Assim me sinto mais calma e, ao mesmo tempo, confiante na minha capacidade. E você, alguma música tem o poder de renovar as suas forças, de encher você de energia? Já parou para pensar nisso?

Fazer um exercício básico de gratidão também ajuda quando tudo parece estar caindo sob nossos pés. Basta pensar nos motivos pelos quais você deve ser grato à vida. O que está correndo muito bem na sua trajetória? O que não seguiu como você esperava de algum modo serviu como aprendizado? Ajudou a crescer? Pense nisso tudo. E, claro, lembre-se de agradecer.

Quando estou com dúvidas sobre o meu próximo passo gosto também de fazer uma breve análise: três pontos que me levaram a estar onde estou, que me ajudaram a crescer. A partir disso, eu projeto uma imagem mental do meu objetivo. Assim, mando uma mensagem para meu cérebro de qual resultado espero. E este será o meu foco.

Então, neste momento, quero que você assuma a postura da decisão: mais do que uma aventura, esteja realmente comprometido com seu projeto. Sem desculpas, sem justificativas para adiar suas ações, mas com foco, comprometimento e um olhar crítico e estratégico para o que virá pela frente.

É dessa forma, entendendo onde estamos e para onde vamos, que seremos capazes de adotar, na vida e no trabalho, um discurso legítimo, que ressoa com nossa essência, nossos valores e que faz efetivamente diferença para o outro. Quando seu projeto ganha tamanha importância, você arregaça as mangas e faz a lição de casa. Você é mordido pelo bichinho da inquietude e persiste.

Como diz Ben Horowitz, no livro *O lado difícil das situações difíceis*,[16] quem cria uma empresa sonha em fazer algo inovador, se divertindo e ganhando muito dinheiro. Infelizmente, nenhuma empresa se desenvolve num céu de brigadeiro. E tudo bem. Nós viemos aqui para conquistas maiores!

---

16   HOROWITZ, B. **O lado difícil das situações difíceis**: como construir um negócio quando não existem respostas prontas. São Paulo: WMF Martins Fontes, 2015.

Acolher a insegurança muitas vezes é a melhor estratégia para ficar mais tranquilo e encontrar as respostas necessárias.

Capítulo 4
A arte de construir soluções não óbvias

7
a arte de construir soluções não óbvias

Já começamos a ver como o ato de empreender exige que busquemos aprimoramento constante. E não estou me referindo somente a melhorias no negócio, mas também no próprio empreendedor. Nosso grande desafio é: como aprendemos a ir além do óbvio? Como quebramos as caixas que muitas vezes moldaram nosso modo de agir e gerir?

Para responder a essas questões, em primeiro lugar é necessário entender que ir além do senso comum é algo diretamente ligado à autenticidade de cada um: envolve ser genuíno e espontâneo, mas também fazer conexões improváveis. Autenticidade só é possível se você identificar qual é a sua essência. É o ponto de partida.

Quando nos desafiamos a buscar a autenticidade de maneira constante, saímos da zona de conforto. É claro que, quando você decide seguir um caminho novo, menos seguro (já que não é o escolhido pela maioria), o primeiro pensamento é: *Isso não vai dar certo*. Nossa mente sempre tenta nos fazer voltar atrás no risco. Além disso, é bastante provável que os demais também dirão a você: "Está arriscando demais, tome cuidado!".

Porém, quando passamos a exercitar nossa autenticidade, questionamos essas respostas automáticas: "Peraí, por que não vai dar certo?". A cabeça do empreendedor implacável pensa assim. Se eu fizer e não der, tudo bem, mas eu **estou** fazendo, e vou aprender com meus erros. Faço uma analogia disso com a mente de um atleta de alta performance: a pessoa simplesmente não pensa em desistir. Existe uma boa dose de automotivação, que gera disciplina e força de vontade.

O foco para obter esse resultado, contudo, deve estar em **ganhar**, enquanto a maioria das pessoas se preocupa apenas em **não perder**. Ou seja, quando a primeira reação é recuar numa ideia ou num projeto novos, a maioria está presa a uma ideia de escassez, pois há o risco de perder o espaço já conquistado, perder dinheiro, perder a direção. Quem avança, no entanto, pode estar na abundância: ganhar novos mercados, novas fontes de receita, novos aprendizados. É uma linha tênue entre as duas mentalidades, mas colocar a atenção nela pode ser exatamente o que você precisa fazer **agora**. Ao olharmos histórias de empreendedores que foram bem-sucedidos em seus negócios, muitos daqueles que conseguiram transformar setores ou mercados inteiros foram indivíduos que questionaram o *status quo* vigente. Se tivessem feito como todos os outros ao redor, não haveria (r)evolução alguma.

Um exemplo disso é a trajetória do Caito Maia, fundador da Chilli Beans, empresa líder em venda de óculos de sol na América Latina, e quem me presentou com o prefácio para este livro. Ele afirma que sua equipe de designers há anos deixou de ir para as duas maiores feiras de lançamentos de óculos do mundo, em Milão, na Itália, e em Paris, na França. Segundo Caito, em vez de querer saber qual será a próxima moda, ele prefere criar as próprias tendências, a sua própria história.[17] É preciso ter muita personalidade e criatividade para

---

17 INFLVENCERS: Como a Chilli Beans foi de uma conta negativa no banco à maior empresa de óculos e acessórios da América Latina. In: Startupi, São Paulo, 17 ago. 2017. Disponível em: https://startupi.com.br/2017/08/de-uma-conta-negativa-no-banco-maior-empresa--de-oculos-e-acessorios-da-america-latina/. Acesso em: 07 fev. 2021.

a arte de construir soluções não óbvias

romper o *statu quo*, como Caito decidiu fazer. Um passo que só é possível de ser dado com muita coragem. A Chilli Beans, que cresce ainda mais agora com um braço especializado em óculos de grau, mantém a personalidade da marca, combinando moda, arte e atendimento único aos clientes, e faz tudo isso sem perder o foco e a capacidade de inovar.

Como empreendedor, Caito também teve de agir rápido diante da pandemia iniciada em 2020 e, para mim, é um grande exemplo daqueles que sabem como parar não é uma opção. Ele, então, pautou suas decisões na garantia da rentabilidade da empresa, no corte de gastos e no aumento da produtividade dos vendedores. O grande desafio, porém, era pensar em como manter a relação com os clientes quando a maioria das pessoas estava em casa e os óculos de sol não seriam prioridade. A solução: fortalecer o segmento de óculos de grau e usar a tecnologia como estratégia de relacionamento, permitindo que os clientes experimentassem os modelos que mais gostassem virtualmente. Somado a isso, iniciou uma nova estratégia de atendimento em domicílio, com funcionários devidamente protegidos com EPIs realizando a entrega de pedidos.

"Vamos sair desta pandemia melhor do que entramos. A empresa está mais ágil, mais produtiva, entregando mais com uma estrutura de custo menor. A rentabilidade do franqueado, que era 4% a 12%, está indo para 16%", disse Caito em entrevista para *O Globo*.[18]

Até 2019, os óculos de grau representavam 20% das vendas da Chilli Beans. Com a virada de foco do negócio e a demanda crescente devido ao uso mais intenso das telas, em alguns meses o segmento já passou a ser responsável por 50% do resultado da empresa, e a perspectiva de expansão para os próximos anos é chegar a mais de quatrocentos pontos de atendimento dedicados à venda de óculos por

---

18 BARBOSA, M. Caito Maia, CEO da Chilli Beans: "Vamos sair da pandemia melhor do que entramos". **O Globo**, Rio de Janeiro, 22 nov. 2020. Disponível em: https://blogs.oglobo. globo.com/capital/post/caito-maia-ceo-da-chilli-beans-vamos-sair-da-pandemia-melhor-do-que-entramos.html. Acesso em: 07 fev. 2021.

prescrição. Vejo que, dentre os fatores para que esse resultado fosse possível, tem-se o fato de Caito ter se mantido alinhado às premissas que asseguraram a construção da marca Chilli Beans: coleções exclusivas, atendimento de altíssima qualidade e com visão voltada não apenas à funcionalidade da peça, mas também ao estilo que ela representa àqueles que a usam.

Acreditar, mas manter-se atento para mudar de rota se preciso

Autenticidade, no entanto, não é tudo. Você precisa tomar decisões ágeis a partir do conhecimento adquirido.

Existe uma máxima, creditada ao inventor e industrial Henry Ford (1863-1947), que diz o seguinte: "Se eu perguntasse às pessoas o que elas queriam, elas teriam pedido cavalos mais rápidos". Apesar de essa frase ser muito reproduzida, não é possível saber ao certo quando Ford falou isso ou até mesmo se algum dia fez essa afirmação,[19] uma vez que não existe um registro confiável dela. Mas, independentemente disso, gosto de olhar para Ford como um empreendedor que observou um cenário e foi muito além do que era feito até ali.

Em primeiro lugar, Ford não foi o criador do carro nem da linha de montagem. Essa última havia sido desenvolvida por Ransom Eli Olds (1864-1950), com o primeiro automóvel produzido nesse modelo, o Oldsmobile Curved Dash, lançado em 1901. No entanto, os avanços marcantes na eficiência do sistema são fruto da visão de Ford.[20] Ele foi responsável por transformar o carro, uma invenção de utilidade até ali

---

19 MY CUSTOMERS Would Have Asked For a Faster Horse. *In*: Quote Investigators, [*S. l.*], 28 jul. 2011. Disponível em: https://quoteinvestigator.com/2011/07/28/ford-faster-horse/. Acesso em: 25 dez. 2019.

20 DOMM, R. W. **Michigan Yesterday & Today**. Minneapolis: Voyageur Press, 2009.

cons
tan
te

Quando nos desafiamos a buscar a autenticidade de maneira constante, saímos da zona de conforto.

desconhecida, por ser caro e de produção escassa, em uma inovação que mudou profundamente o século XX – e que ainda afeta nossas vidas.

Porém, como ele fez isso? De 1908 a 1927, a Ford produziu o Modelo T, considerado o primeiro automóvel acessível à classe média dos Estados Unidos, o carro que inaugurou as viagens dos norte-americano comuns por seu país. Muito disso se deve à fabricação eficiente da Ford. O Modelo T foi bem-sucedido ao proporcionar transporte barato em grande escala e por ter colocado o carro como um símbolo poderoso da era da modernização nos Estados Unidos. Ao todo, foram vendidos 16,5 milhões de unidades em dezenove anos.

Veja, automóveis vinham sendo produzidos desde a década de 1880, mas eram pouco confiáveis até a chegada do Modelo T, que logo se tornou um sucesso por ser seguro, simples, leve e de fácil manutenção. Ele foi o primeiro automóvel da Ford produzido em massa, em linhas de montagem móveis com peças intercambiáveis, algo introduzido na empresa em 1913. O Modelo T foi projetado para ser resistente, pois devia encarar as terríveis estradas da época, e custava 850 dólares, muito menos do que seus concorrentes. Foi um sucesso instantâneo: 10.607 deles foram vendidos em 1908, mas Ford se dedicou para reduzir os custos de fabricação e torná-lo acessível a cada vez mais pessoas. Em 1914, a Ford produziu 300 mil veículos, contando com apenas 13 mil colaboradores em seu quadro de funcionários, enquanto 299 outras empresas, com 66.350 funcionários, fabricaram apenas 280 mil veículos.[21] Em 1916, o preço de um Modelo T já havia caído para 360 dólares, e a Ford vendeu 730 mil deles naquele ano. Mais adiante, caiu para 260 dólares. Em 1920, a Ford estava construindo metade dos carros no mundo. E o reinado de 5 mil anos do cavalo como principal meio para transportar humanos e mercadorias havia terminado.

---

21 MODEL T Facts. *In*: Ford Motor Company. Dearborn, 5 ago. 2012. Disponível em: https://web.archive.org/web/20130928165026/https://media.ford.com/content/fordmedia/fna/us/en/news/2013/08/05/model-t-facts.html. Acesso em: 25 dez. 2019.

a arte de construir soluções não óbvias

De quebra, o carro acessível às massas refez a economia americana. Na década de 1920, a fabricação de automóveis consumia 20% da produção de aço do país, 80% de sua borracha e 75% de seu vidro laminado, e a necessidade de estradas deu um enorme impulso à indústria da construção. Na década de 1920, a indústria automobilística se tornou a maior indústria manufatureira do país.[22] Com o Modelo T, podemos afirmar que Henry Ford pensou fora da caixa, teve visão inovadora, e isso gerou resultados espetaculares.

O grande problema em sua trajetória foi se apegar ao sucesso e não perceber a mudança pela qual o mercado passava. Ford é exemplo de que não é por algo estar dando certo hoje que isso se manterá constante no futuro. Ele acreditava que o Modelo T, com seu preço imbatível pela concorrência, seria sempre a escolha de seus consumidores, e não acompanhou o aumento na busca por carros mais caros e fortes em aspectos como elegância e conforto. A falta de agilidade fez com que o líder de mercado visse suas vendas caírem drasticamente no fim da mesma década. Embora tenha tentado, então, acelerar a produção de novos modelos, em 1936, General Motors e Chrysler Corporation já haviam assumido a liderança do segmento, deixando Ford em terceiro lugar no mercado norte-americano.[23]

SISTEMA APRIMORADO

O modelo desenvolvido por Ford, que foi reproduzido por toda a indústria automotiva a partir dos anos 1910, seria superado pelo Toyotismo, sistema de produção criado pela montadora japonesa Toyota, a partir de 1948. Com novas filosofias e práticas de gerenciamento, o padrão japonês passou a organizar a fabricação

---

22 GORDON, J. S. 10 Moments That Made American Business. **American Heritage Magazine**, fev. 2007, v. 58 n. 1. Disponível em: https://web.archive.org/web/20080420194514/http://americanheritage.com/articles/magazine/ah/2007/1/2007_1_23.shtml. Acesso em: 25 dez. 2019.

23 HENRY FORD: Founder, Ford Motor Company. *In*: The Henry Ford. Disponível em: https://www.thehenryford.org/explore/stories-of-innovation/visionaries/henry-ford/. Acesso em: 25 dez. 2019.

e a logística para a montadora, incluindo a interação com forne-cedores e clientes.

Um dos pilares do Toyotismo é a metodologia *just-in-time*, ou JIT, que significa "fazer só o que é necessário, apenas quando necessário e somente na quantidade necessária".[24] No JIT, cada processo produz só o necessário para o próximo processo, em um fluxo contínuo. Embora os baixos níveis de estoque sejam um resultado significativo no sistema de produção Toyota, um elemento importante da filosofia por trás de seu sistema é trabalhar de forma inteligente e eliminar o desperdício, para que seja necessário apenas um estoque mínimo.[25]

Nosso cérebro, o Caito e a história do automóvel têm muito a nos ensinar

O funcionamento do cérebro humano é uma das coisas que mais me fascinam. Um livro que recomendo sobre esse tema é *O código do talento*.[26] Nele, o jornalista Daniel Coyle se apoia em pesquisas e na neurociência para defender que ninguém precisa nascer com um dom natural para conquistar bons resultados em qualquer atividade, seja nos esportes, nas artes, nas ciências ou em outras áreas. Segundo a tese apresentada por Coyle, o talento que Mozart, Michelangelo ou Michael Jordan, por exemplo, demonstraram ao mundo e que os diferenciava de outros músicos, artistas

---

24 TOYOTA Production System. *In*: Toyota. Disponível em: https://global.toyota/en/company/vision-and-philosophy/production-system/. Acesso em: 27 dez. 2019.

25 OHNO, T.; MITO, S. **Just-In-Time for Today and Tomorrow**. Portland: Productivity Press, 1988.

26 COYLE, D. **O código do talento**. Rio de Janeiro: Agir, 2010.

a arte de construir soluções não óbvias

e esportistas de suas épocas era fruto de três elementos: **a prática** (o que o autor chama de treinamento profundo), **a motivação** (a ignição) e **o mestre** (treinador). Embora não seja nenhuma novidade a ideia de que a prática é a chave do sucesso, o livro afirma que tipos específicos de treinamento (como o profundo) podem aumentar uma habilidade com velocidade até dez vezes maior do que uma prática convencional.

Já no que se refere à motivação (ignição), Coyle explica que quem apresenta alta performance em uma habilidade demonstra um nível de comprometimento, ou paixão, bem mais elevado que seus pares. A explicação para isso, de acordo com o autor, está ligada a desejos tão inconscientes quanto profundos, mas que, se compreendidos, podem auxiliar no desenvolvimento das habilidades. Por fim, Coyle explica o papel do mestre (treinador) como uma espécie de facilitador para alimentar a paixão e motivação em seus alunos de forma a inspirar o treino profundo, o que gera os resultados. Desse modo, a ignição e o treinamento profundo, somados ao trabalho do treinador, atuam dentro do cérebro e formam a chamada mielina, um tipo de gordura microscópica que envolve os axônios, parte dos neurônios. Sua presença coordena melhor e com mais velocidade nossos movimentos e pensamentos em qualquer atividade. Assim, quanto mais praticamos algo, vencendo ou aprendendo com nossos erros, mais a mielina é formada e se deposita em nosso cérebro, fazendo com que os impulsos sejam mais eficientes.

Quero dizer com tudo isso que, assim como Coyle defende que para se tornar bom em algo você deve estar disposto a errar e insistir até ficar satisfeito com os acertos, também precisamos inspirar aqueles diante da mesma empreitada que nós a mergulharem em treino profundo com verdadeira motivação. Caito Maia, para mim, é um ótimo exemplo disso. Em uma conversa que tivemos enquanto escrevia este livro, ele compartilhou comigo que um de seus grandes orgulhos é a capacidade de fazer o estoque girar em ritmo acelerado, praticamente doze vezes ao ano. Como a Chilli lança mais de vinte modelos novos a cada coleção, entre óculos de sol, armações de grau e modelos de relógio, o mais comum é gerar altíssimo estoque, mas eles conseguem fazer os lançamentos seguirem um excelente fluxo com os clientes. O time inteiro testa as mais variadas estratégias, alinhado à motivação de manter seus produtos a valores acessíveis (já que grande parte da população ainda não tem sequer acesso a oftalmologista) e oferecendo a liberdade do *fast fashion* para seus clientes. Seu papel, enquanto líder, é ser um facilitador para que a equipe possa superar ainda mais os resultados obtidos até aqui.

Ao olharmos para Henry Ford em 1908, por meio do Modelo T, vemos que ele fez algo que seria celebrado quase um século depois: o conceito de *job to be done* ("trabalho a ser feito", em uma tradução livre). Elaborada por Clayton M. Christensen,[27] professor de Administração da *Harvard Business School*, a teoria defende que o empreendedor deve buscar entender melhor o comportamento dos consumidores e, a partir de uma mudança de perspectiva, observar concorrentes e consumidores de modo diferente.

Com isso, a inovação deve estar centrada nas necessidades dos clientes. A ideia não é mais entender **o que** o público quer comprar, mas, em vez disso, compreender **o que ele busca resolver** ao adquirir alguma coisa. Tal visão se fundamenta no conceito de que as pessoas não compram um produto, mas obtêm dele aquilo que as ajuda a solucionar alguma coisa. Assim, a teoria *job to be done* considera dimensões funcionais, sociais e emocionais que explicam por que os clientes fazem as suas escolhas.

Em geral, as empresas que se destacam diante de seus concorrentes têm este tipo de visão. Por isso, não se restringem a uma mera venda de produtos, mas vão muito mais fundo e inovam para que seus clientes enxerguem valor naquilo que elas fazem, questionam se o *job*

---

27 CHRISTENSEN, C.; COOK, S.; HALL, T. Marketing Malpractice: The Cause and the Cure. *In*: Harvard Business Review, Boston, dez. 2005. Disponível em: https://hbr.org/2005/12/marketing-malpractice-the-cause-and-the-cure. Acesso em: 25 dez. 2019.

a arte de construir soluções não óbvias

to be done pode ser melhorado e observam o processo todo, de trás para frente, de forma a otimizar custos ou tornar o negócio escalável.

O grande erro de Ford foi justamente deixar essa prática para trás. Ao confiar tanto naquilo que o fazia autêntico, parou de observar o movimento que acontecia à sua volta, ao movimento do próprio público.

Há alguns anos, o publicitário Nizan Guanaes, uma pessoa que admiro, escreveu um artigo no qual dizia estar reaprendendo tudo sobre seu negócio, em razão da transformação digital.[28] Ao conversar com Luiza Helena Trajano, autoridade absoluta em empreendedorismo no Brasil, ela me disse sentir que precisa mergulhar cada vez mais no que está acontecendo. Então, em vez de ficar recolhida, o que ela decidiu fazer? Viajou para Israel e para a China a fim de estudar as mudanças de perto, pois precisava ver os novos cenários com os próprios olhos.

Luiza Helena foi uma das convidadas que recebi no "Desafio CF7", um treinamento virtual e gratuito que promovi em agosto de 2020 e que foi assistido por mais de 20 mil pessoas[29] via YouTube. Como de costume, ela trouxe ensinamentos com peso de ouro que estão na essência do sucesso do Magazine Luiza. Deixo alguns deles aqui com você. Com a palavra, uma das líderes empresariais mais relevantes do nosso país:

> O empreendedor precisa deixar o pensamento fluir. Quando estou pensando nos meus negócios ou projetos, não tenho censura. E levo o grupo onde estou a não ter censura. Se existe um inibidor muito grande na vida é dinheiro. A gente não desbloqueia porque coloca o dinheiro

---

28 GUANAES, N. O Estagiário. **Folha de S.Paulo**, 01 mar. 2016. Disponível em: https://www1.folha.uol.com.br/colunas/nizanguanaes/2016/03/1744838-o-estagiario.shtml. Acesso em: 07 fev. 2021.

29 FARANI, C. Desafio CF7 apresentou as melhores práticas empreendedoras para 20 mil pessoas. **Gazeta do Povo**, Curitiba, 23 ago. 2020. Disponível em: https://www.gazetadopovo.com.br/vozes/camila-farani/desafio-cf7-apresentou-as-melhores-praticas-empreendedoras/. Acesso em: 07 fev. 2021.

em primeiro lugar. Crie e depois você encaixa aquilo à sua realidade orçamentária.

Para ela, o empreendedor deve se libertar de suas crenças limitantes, mas sempre usar a razão como baliza:

Claro, não estou falando para ninguém gastar mais do que ganha, pois fluxo de caixa quebra mais do que a não venda. Mas procure inovar melhorando o que você já faz. Para inovar, a gente precisa sempre pensar fora da caixa. Não pense no dinheiro na hora de colocar as ideias no papel.

Com sua experiência, Luiza Helena deu a dica para o empreendedor buscar uma trilha de sucesso. "Mantenha-se atualizado, estude. Foque no que precisa mudar. Faça acontecer. Lembre-se de que todo bom empreendedor é um bom vendedor". Ainda de acordo com ela, é a velha história de pensar fora da caixa para conseguir inovar. "Pequenas e médias empresas têm muito mais condições de melhorar o que estão fazendo. Trata-se de colocar uma coisa gostosa dentro da loja, fazer uma experiência memorável com o cliente".

Luiza Helena explica que o empreendedor deve fazer algo nunca feito por ele, mas envolvendo sua equipe.

Coloque gente para pensar. Para isso, não pode haver censura. Na hora que você for colocar a mão no bolso ou na carteira, você pensa. Mas dentro do que você criou. Não dentro do que o dinheiro dá para fazer. Porque senão você não muda nunca.

Para exemplificar seu ponto de vista inovador, Luiza Helena deixou uma dica prática, que mostra como a limitação não está em seu DNA.

a arte de construir soluções não óbvias

> Quando alguém me diz que quer ser madrinha de casamento e, para isso, precisa de um vestido especial, eu digo, 'vá ao shopping mais caro que existe na sua cidade'. Muitas vezes a pessoa me responde: "Ah, mas lá o preço de tudo é nas alturas". Mas veja, se você for, o risco que corre é de encontrar alguma loja que esteja em promoção e com um vestido que você possa comprar. Ou, caso não encontre, vá, tire uma foto de algo que te agrade e vá na José Paulino [rua de comércio popular da região central da cidade de São Paulo] ou compre o tecido e mande fazer igual.

Segundo ela, você pensou rico e agiu conforme suas condições e seu gosto. Para inovar, você não pode se autocensurar, é preciso se libertar. Há dois tipos de inovação das quais Luiza Helena afirma gostar muito: você melhorar um pouco algo que você está fazendo, ou seja, o seu processo, e inovar. Ela explica:

> Nas operações do Magazine Luiza, sempre trabalhamos em duas frentes: em melhorias nos processos do dia a dia, em coisas que estamos fazendo. E outra, que faz exatamente como acontece com uma startup; testamos inovações e, se aquilo não der certo, rapidamente mudamos.

Luiza Helena afirma que tem como estratégia esquecer tudo o que aprendeu. "Estou inacabada. Quando a pandemia do novo coronavírus surgiu, eu dizia: 'nós não sabemos lidar com isso'. Realidade diferente exige atitude diferente", resumiu a líder para demonstrar que devemos sempre procurar o aperfeiçoamento. Por fim, deu uma dica aos empreendedores. "Olhe para o seu negócio e pense em três coisas que você deveria ter feito e não fez; em três coisas que você fez e não deveria ter feito; e em três coisas que você fez e deve continuar fazendo", ensinou.

Dá para entender por que Luiza Helena é uma líder e seus negócios se destacam em nosso país. Se até ontem a inovação poderia ser uma opção, saiba que com a transformação digital inovar se tornou algo mandatório. Pisamos em um novo mundo e precisamos de "novos calçados", novas atitudes para caminharmos neste solo tão diferente daquele em que nos acostumamos a caminhar.

Sobre este novo mundo, deixo algumas reflexões:

» **A transformação digital é para todos;**

» **A transformação digital está focada nas pessoas;**

» **Clientes estão comprando experiências, e não ofertas;**

» **Disrupção não precisa ser seu objetivo;**

» **É mais importante começar rápido do que ser o melhor.**

Essas lições valem para líderes e para empresas-líderes que reconhecem o aprendizado como um dos investimentos mais relevantes a serem feitos. Iniciativas como a do Google, segunda empresa mais valiosa do mundo em 2019,[30] a qual permite e incentiva os funcionários a gastarem até 20% de suas horas de trabalho no desenvolvimento de suas próprias ideias inovadoras, fazem uma diferença brutal. Muitos dos produtos do Google integrados ao nosso dia a dia são o resultado desses 20% de tempo.[31]

Todas as histórias contadas retratam o que acredito ser a chave para construirmos as respostas mais assertivas para irmos além do senso comum: integrar **pessoas** e **processos** para criar **produtos** fortes.

Então, para seguirmos, reflita:

» **O que é realmente necessário fazer agora para que seu negócio ganhe uma nova tração (exemplo: conexões, velocidade, eliminar processos não produtivos, espaço para criação)?**

---

30 BADENHAUSEN, K. As 100 marcas mais valiosas do mundo em 2019. *In*: Forbes, São Paulo, 22 maio 2019. Disponível em: https://forbes.com.br/listas/2019/05/as-100-marcas-mais--valiosas-do-mundo-em-2019/. Acesso em: 25 dez. 2019.

31 VOZZA, S. This is how Google motivates its employees. *In*: Fast Company, Nova York, 13 set. 2018. Disponível em: https://www.fastcompany.com/90230655/how-google-motivates-its-employees. Acesso em: 25 dez. 2019.

a arte de construir soluções não óbvias

» **De maneira realista, a métrica entre quanto você consegue produzir hoje e o esforço necessário para isso está valendo a pena?**

» **O que precisa sair do seu foco?**

» **Seu time compartilha da mesma visão que você?**

» **Há espaço para testar e errar na sua rotina?**

» **Qual grande solução você é capaz de entregar para o seu público?**

» **Sua solução tem personalidade e autenticidade?**

» **Quais são os atributos que você deseja expressar com a sua solução?**

> » **Você tem conseguido esse resultado?**

> » **Como está seu posicionamento diante do mercado? Você está em posição vantajosa ou não?**

Essa reflexão faz com que você tenha clareza sobre o ponto no qual se encontra. É com esse diagnóstico que poderá usar as ferramentas que compartilharei a seguir de maneira estratégica e efetiva.

O seu novo plano de negócios

Como empreendedora e investidora, percebi que os negócios com alto potencial precisam de alguns elementos independentemente do porte ou segmento. Para que possa fazer uma construção forte, aposte em três fases fundamentais:

1. **CLAREZA SOBRE OS RECURSOS QUE POSSUI:** patrimônio intelectual, plano de negócios, gestão financeira e time engajado e complementar;
2. **EXECUÇÃO EFICIENTE E CRITERIOSA:** visão de negócio, planejamento e análise de resultados para nortear as decisões;
3. **ESTRATÉGIA PARA CRESCIMENTO EM ESCALA:** definição do momento ideal para crescer e implementação do marketing de crescimento.

O empreendedor capaz de capturar o valor de cada etapa e colocá-las em prática de maneira sistêmica viabiliza que seu negócio se desenvolva com solidez e agilidade. Os próximos capítulos estão, portanto, organizados de acordo com esses três pilares.

Fase 1
Clareza sobre os recursos

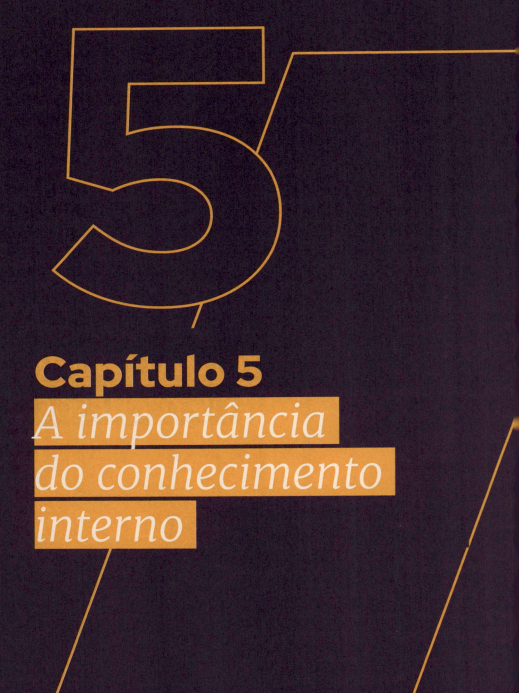

Capítulo 5
A importância do conhecimento interno

7
a importância do conhecimento interno

Uma escola 24/7

Quando falo da necessidade de estudar na hora de abrir um negócio próprio, já acrescento que não existe uma escola "formal" para empreender. Na verdade, é a vida que ensina. Gosto da afirmação de que é a sola de sapato que leva ao conhecimento, uma metáfora sobre o quanto é preciso trabalhar, trabalhar e trabalhar. Antes mesmo de você pensar em fazer todos os planejamentos do que terá de realizar, você deve praticar.

Imagine que você não sabe andar de bicicleta e comprou uma, de um modelo novo, cheia de marchas e comandos diferentes. Não adianta apenas olhar para ela e ficar pensando como deve ser pedalar. Ou mesmo perguntar aos outros ou pesquisar como deve ser conduzir essa bike. Primeiro sente nela. Sentou? Agora comece a andar. Porque é preciso iniciar o percurso, seguir por um trajeto para começar a entender como você deve se posicionar sobre as duas rodas, como fazer na subida, na descida, nas curvas, no trânsito etc. O que ocorre é que muitas vezes as pessoas não tentam andar nem em linha reta.

Agora, considerando que você já andou e conseguiu adquirir alguma prática, o que fazer? Ah, sim: estudar! Não existe caminho para quem quer empreender sem estudo. Algo válido tanto para quem cria um negócio quanto para quem empreende na própria vida. Ter um negócio equivale a estar matriculado em uma eterna escola, com aulas 24 horas por dia e sete dias por semana. Você tem de estar sempre estudando. Mas, ao meu ver, há uma grande vantagem na atualidade para quem precisa aprender o tempo todo: o conteúdo e o conhecimento nunca estiveram tão disponíveis quanto agora.

De quem é a responsabilidade?

Todos os grandes líderes que conheço são estudiosos. Também sempre estudei, mas concentrava meus interesses em conteúdos sobre negócios. E não era uma coisa sistemática. Ao perceber isso, lá atrás, tomei uma decisão. Em 2009, incorporei na minha vida a rotina de estudar ao menos uma hora por dia. A consequência dessa minha mudança de hábito foi a melhora de minhas capacidades técnicas, assim como das minhas habilidades comportamentais.

Contudo, essa minha tomada de decisão veio de algo que me incomodava. Quando o meu sexto restaurante não decolava e, pior, quando, após três meses de operação, percebi que poderíamos realmente quebrar, pensei: *O que está acontecendo de errado?* E, em vez de achar que as falhas estavam nos meus clientes ou no mercado, concluí que estavam comigo, eram de minha responsabilidade. *Mas em que eu estou errando?* Para chegar à resposta, precisei estudar para saber, sob o ponto de vista técnico, qual era a raiz do problema.

Essa consciência de que a responsabilidade era minha veio por meio do autoconhecimento. E veja que aqui eu reforço o termo *responsabilidade,* não *culpa.* Faço isso porque a culpa paralisa, nos deixa morosos, e colocamos no outro a *responsabilidade* de nos perdoar, por exemplo. Quando, ao contrário, assumimos responsabilidades,

a importância do conhecimento interno

somos protagonistas, cabe a nós tomar a atitude certa, agir e, principalmente, não perder a visão do todo.

Quando consegui virar o jogo, meu negócio começou a dar resultado. O fruto disso é que fui convidada a ser sócia da rede Mundo Verde para liderar a operação saudável da empresa, como lhe contei no **Capítulo 1**. Nessa nova função e ambiente, me deparei com sócios vindos da área financeira, do mundo dos negócios, e eles estudavam muito! Observar o exemplo deles reforçou a ideia de que eu deveria estudar diariamente. Isso aconteceu de uma maneira natural, como a introdução de um novo hábito. É como se eu estivesse sendo puxada para o lado dos mais inteligentes da sala.

Aprenda todos os dias

A minha nova rotina gerou o seguinte ciclo: quanto mais estudava, mais eu colocava em ação aquilo que aprendia, mesmo que fosse minimamente. Por consequência, vi que a prática, inspirada pela teoria, dava resultado, o que me levou a uma importante revelação: **o conhecimento só se torna transformador quando você o coloca em prática**. Esse é o grande segredo.

Quando falo sobre o quanto é preciso "gastar sola de sapato" devemos frisar que o empreendedor que tenha **somente** o trabalho prático, sem um aprendizado de erros e acertos, não irá longe. Do mesmo jeito, alguém que fica apenas teorizando e estudando, sem ir para a rua, sem lidar com o ser humano, com os fatos, com a realidade, também não vai a lugar algum. Ao olhar para minha trajetória como empreendedora até aquele momento, a constatação é: eu já tinha uma prática, uma vivência, mas me faltava a teoria. Percebi que precisava estudar para mim, para os meus negócios, para tudo.

Compartilhe o que sabe

Nestes mais de dez anos com o hábito de estudos diários, desenvolvi algumas técnicas que compartilho com você. Uma que para mim funciona perfeitamente é a de, ao aprender algo novo, como um conceito, o repetir o quanto antes para outras pessoas. Estudos defendem que a maioria de nós aprende justamente ao ensinar o outro.

Uma pesquisa conduzida pela Harvard Business School apontou que funcionários que passavam os últimos quinze minutos de cada dia de um período de treinamento escrevendo e refletindo sobre aquilo aprendido tiveram um desempenho 23% melhor no teste final de treinamento em relação a outros funcionários.[32]

Escritor e cofundador da Empact, uma organização global de educação para o empreendedorismo, Michael Simmons passou anos estudando as formas como as pessoas aprendem e concluiu algumas coisas importantes:[33]

> » Ensinar aos outros o que aprendemos é uma das coisas mais nobres que podemos fazer com nosso tempo neste planeta;
> » Nós, humanos, fomos projetados para aprender e ensinar;
> » Bill Gates, Warren Buffett e Oprah Winfrey usam a regra das cinco horas, que consiste em passar cinco horas por semana fazendo um aprendizado deliberado.[34] Além disso, compartilham este conhecimento sempre que possível.

---

32 DI STEFANO, G. *et al.* Making Experience Count: The Role of Reflection in Individual Learning. **Social Science Research Network**, Rochester, 25 mar. 2014. Disponível em: https://papers.ssrn.com/sol3/papers.cfm?abstract_id=2414478. Acesso em: 07 fev. 2021.

33 SIMMONS, M. Memory & Learning Breakthrough: It Turns Out That The Ancients Were Right. In: Medium, [*S. l.*], 8 maio 2019. Disponível em: https://medium.com/accelerated-intelligence/memory-learning-breakthrough-it-turns-out-that-the-ancients-were-right--7bbd3090d9cc. Acesso em: 07 fev. 2021.

34 SIMMONS, M. Bill Gates, Warren Buffett And Oprah All Use The 5-Hour Rule. *In*: Medium, [*S. l.*], 22 jul. 2016. Disponível em: https://medium.com/accelerated-intelligence/bill-gates-warren-buffett-and-oprah-all-use-the-5-hour-rule-308f528b6363. Acesso em: 07 fev. 2021.

a importância do conhecimento interno

Muita gente pode pensar: *Mas como vou ensinar?* Pois, atualmente, existem diversas maneiras de se fazer isso, seja compartilhando seu conhecimento por meio das redes sociais ou, até mesmo, buscando oportunidades de falar em público, ensinando diretamente outras pessoas sobre temas que você domina. Por que não? Muitas vezes as pessoas não querem ensinar aos outros por puro medo de se expor. É o complexo da prova oral. Na época de escola, esse tipo de exame tira o sono de muitos estudantes, que temem se apresentar diante do professor e demais colegas. Essa modalidade de avaliação, no entanto, cumpre uma função importante, pois serve para colocar aquele conhecimento adquirido para fora, algo que fortalece o aprendizado.

Infelizmente, isso não é explicado ao aluno e cria-se um medo irracional da prova oral. Porém, com o simples ato de falar diante das outras pessoas, você já começa a perder o temor e se expõe. Em uma reunião, quando nos levantamos e falamos diante dos demais participantes, intuitivamente já impomos respeito e autoridade. Portanto, estamos falando de uma exposição estratégica.

Quando descobri isso, passei a levantar e falar. Muitas vezes era a única mulher diante de uns vinte homens. Claro, até você se levantar pela primeira vez e perder o receio é um desafio, mas garanto que, quanto mais vezes você fizer isso, mais vai se fortalecer e o medo vai se dissipar. Quanto mais você faz isso, mais você ensina. Quanto mais você ensina, mais absorve o conhecimento em você. Isso vai fortalecer você e, consequentemente, o seu negócio. Não é à toa que um dos princípios de inovação do Google é "compartilhe tudo o que puder".[35]

---

35 Criar uma cultura de inovação: oito ideias que funcionam no Google. *In*: Google Workspace, [*S. l.*]. Disponível em: https://gsuite.google.com.br/intl/pt-BR/learn-more/creating_a_culture_of_innovation.html. Acesso em: 31 dez. 2019.

Experiências são professoras

Outra importante orientação que dou a partir da minha vivência como empreendedora: aprenda com as suas experiências. Mas qual a melhor forma de fazer isso? Uma dica é anotar tudo o que considerar mais marcante. Não deixe passar batido aquilo que pode gerar aprimoramento para você ou para seu negócio. Não faltam situações capazes de proporcionar conhecimento, sejam positivas ou negativas. No dia a dia do empreendedor, os erros e os acertos ensinam, portanto estude-os. Somente assim você vai evoluir, pois encontrará as técnicas e estratégias mais eficazes a partir do que funciona ou não no seu cotidiano. Busque esse aprimoramento sempre que possível, vá atrás. Infelizmente, a maioria das pessoas não o faz, então esforce-se para tornar isso um hábito.

Quando estou diante de algo para o qual não tenho uma resposta, anoto para procurá-la depois. Faço isso o tempo todo com minha equipe, anoto na hora: pode ser alguma coisa que não consiga fazer em uma planilha, por exemplo, como já ocorreu, ou algo que eu identifique como um erro. Não importa o que seja, depois vou atrás e procuro quem pode me ensinar sobre aquele assunto.

Agora, reflita sobre sua trajetória. Você se recorda de algum ponto que tenha identificado como algo em que precisa melhorar e que, por não ter sido resolvido, o incomoda até hoje? Caso sim, você precisa se aplicar para resolver essa situação. Portanto, anote, pesquise, estude e pratique. Com essa questão resolvida, você vai crescer muito mais rapidamente.

Dedique-se ao desenvolvimento integral

Como já ficou claro, para conseguir se desenvolver, o empreendedor precisa evoluir em diferentes frentes. O verdadeiro crescimento é fruto *a importância do conhecimento interno*

dessa busca pela melhoria feita de maneira harmônica. Por exemplo, não adianta a pessoa ter um excelente desempenho no que diz respeito às ferramentas técnicas, mas demonstrar inaptidão com suas capacidades emocionais, sendo, por exemplo, incapaz de se relacionar com sua própria equipe. Do mesmo modo, para conseguir qualquer espécie de avanço, seja técnico, comportamental ou de outra ordem, o indivíduo precisa cuidar de si, manter mente e corpo saudáveis e em equilíbrio.

TÉCNICO

Diz respeito a tudo aquilo que você precisa dominar para empreender. O que deve fazer quem quer abrir um negócio, mas não entende de gestão, por exemplo? Se a pessoa tem certeza de que realmente quer empreender, deve correr atrás do conhecimento. É algo que você pode estudar, ler, se dedicar. Enfim, ir em busca de qualificação para fazer um bom planejamento. Não se trata de clichê, é um fato. Por exemplo, se tiver eventos com bons palestrantes na sua cidade, vá e aprenda o máximo que conseguir. Faça cursos, há vários gratuitos sobre assuntos como gestão, e não precisa sair de casa, pois cursos on-line estão disponíveis com poucos cliques e muitos com materiais em e-book para baixar e estudar. Porém, você só saberá se aprendeu a lição botando a mão na massa. A prática é a melhor professora de gestão que existe.

Estudar oportunidades de mercado e identificar nichos é importante, assim como calcular a rentabilidade do negócio e verificar as disponibilidades para investimento e capital de giro na hora de abrir a empresa. Um pouco de conhecimento de administração e organização empresarial é primordial, já contabilidade, recursos humanos e áreas de suporte, por exemplo, exigem conhecimento formal. Deve-se sempre avaliar o grau de informação necessária para constituir o negócio. Para isso, é essencial ter especialistas para orientá-lo no planejamento estratégico.

Marketing de conteúdo, otimização de conversão, o CRO (do inglês *Conversion Rate Optimization*), e-mail marketing, otimização de sites para buscadores, o SEO (do inglês *Search Engine Optimization*), estratégias para redes sociais... Nenhum empreendedor precisa dominar tudo isso, mas é importante conhecer basicamente seu significado e compreender o que cada item pode fazer por seu negócio. O que nos leva a uma habilidade vital ao empreendedor: **saber delegar**. Ninguém é especialista em tudo. Buscar profissionais talentosos e recrutá-los para trabalhar com você é essencial para ter bons resultados.

FÍSICO

Mantenha o seu cérebro e o seu corpo saudáveis. Estamos falando então, sim, de exercícios físicos, cuidados com alimentação e tudo aquilo que você faz para que o seu corpo esteja bem, para que ele possa responder à altura do seu rendimento.

Vou dizer o que eu faço: no primeiro momento da manhã, reservo tempo para uma leitura diária, pode ser desde física quântica até assuntos relacionados a negócios. Para mim está mais que comprovado que quanto mais você aprende, mais desenvolve as suas conexões neurais. Ou seja, de fato, você fica mais inteligente ao estudar e estimular seu cérebro. É como treinar um músculo para se desenvolver. Depois, tento não olhar os e-mails e procuro fazer exercícios pelo menos duas ou três vezes por semana. A cada três meses também faço algum curso de reciclagem, algo que ajude a me desenvolver e ter uma visão mais espiritual, holística. Também estabeleci uma rotina de meditação, algo que me ajuda a me fortalecer mentalmente.

Apesar de uma rotina repleta de compromissos, também tenho uma vida pessoal e cultivo minha saúde familiar, porque quando estou com eles, estou inteira. Meus amigos e família estão nos meus planos diários, então reservo momentos nos quais me desligo de tudo, pois são eles que me dão forças e motivação para seguir. Procuro ainda, nos fins de semana, estar em contato com a natureza, para me energizar. No fim, dá para conciliar vida profissional com as demais áreas de nossa vida, basta saber organizar e priorizar cada momento.

evoluir

No dia a dia do empreendedor, os erros e os acertos ensinam, portanto estude-os. Somente assim você vai evoluir.

EMOCIONAL

Este é o desenvolvimento mais desafiador e também o mais importante de todos. Afinal, dominar seus sentimentos envolve todo um processo de autoconhecimento. Exige, ainda, se colocar em situações em que será treinado e colocado à prova. Para isso, você terá de acessar e utilizar uma série de ferramentas internas, e cada dia será um novo teste. Como fazer para se especializar nisso? Não faltam oportunidades.

Já mencionei que por meio do *Shark Tank* consigo levar conhecimento a quem quer empreender e ao público, mas não são poucas as coisas que ganho em troca. Ali, minha posição é de *shark*, de investidora. Ou seja, há uma aura de autoridade nisso. No entanto, quanto mais você se colocar numa condição de eterno aprendiz, mais você consegue ter humildade, ouvir pessoas, e não se fechar. Com isso, você se desenvolve.

Muitas vezes, à medida que conseguem crescer profissionalmente, algumas pessoas podem acreditar já possuir tanta informação que não precisam mais dar ouvidos aos outros. Essa atitude, porém, é um enorme erro. O líder que chamo de implacável, no entanto, sabe escutar. Até porque tem a consciência de como isso é valioso. Ao ouvir, você conseguirá reagir melhor a cada situação, entendendo os impactos de suas decisões para todos.

Somente assim será possível aprimorar o seu relacionamento com os outros. Melhorar a forma como você se relaciona com sua equipe. Tudo isso, além de pertencer ao universo das coisas intangíveis, também é encarado como algo doloroso pela maioria das pessoas. Olhar para si mesmo é sempre difícil. É mais simples e confortável apontar o erro nos outros. É muito mais frequente que as pessoas digam "eu sou o bom" do que "eu errei, essa responsabilidade é minha". Sobre isso, com a minha equipe costumo colocar que a responsabilidade, seja das vitórias ou dos fracassos, é de todo mundo.

Aliado a este ponto, é fundamental falarmos sobre empatia. Precisamos saber nos colocar na posição do outro, sentindo

a importância do conhecimento interno 95

como o outro e criando uma conexão genuína a partir disso. Theresa Wiseman, professora da Universidade de Southampton, na Inglaterra, publicou uma pesquisa em 1996 na qual discutia e analisava o verdadeiro significado da empatia.[36] Ela concluiu então que a prática da empatia estava alicerçada em quatro fundamentos: enxergar o mundo como a outra pessoa o vê; não julgar; entender os sentimentos da outra pessoa; e comunicar a sua compreensão.

Prudy Gourguechon, psiquiatra e psicanalista especialista em como utilizar a Psicologia para decisões críticas em liderança, traz uma das melhores definições para a importância dessa habilidade humana:

> A empatia permite que você saiba se as pessoas que você está tentando alcançar estão sendo realmente alcançadas. Permite prever o efeito que suas decisões e ações terão sobre sua audiência e, a partir disso, criar as estratégias de acordo com suas conclusões.[37]

INSPIRACIONAL

O empreendedor precisa inspirar. Deve aprender como se tornar alguém que estimula quem está ao redor. Reflita: se a pessoa está numa equipe e não é motivada, imagine o que isso pode significar para o negócio. E até para ela mesma. Ninguém acorda e diz: "Nossa, como estou motivado". Assim como nenhum indivíduo é inspirado por simples palavras. Por isso, o empreendedor deve saber que para estimular os outros é preciso bem mais do que palavras. Um líder motiva com sua força, por meio de seus exemplos no dia a dia.

Eu mesma, quando vou a qualquer um dos meus restaurantes e consumo, pago a minha conta. A primeira vez que fiz isso na frente de um

---

36 WISEMAN, T. A concept analysis of empathy. **Journal of Advanced Nursing**, v. 23 n. 6. jun. 1996, p. 1162-1167. Disponível em: https://www.researchgate.net/publication/227941757_A_concept_analysis_of_empathy. Acesso em: 07 fev. 2021.

37 GOURGUECHON, P. Empathy Is An Essential Leadership Skill – And There's Nothing Soft About It. *In*: Forbes, Jersey, 26 dez. 2017. Disponível em: https://www.forbes.com/sites/prudygourguechon/2017/12/26/empathy-is-an-essential-leadership-skill-and-theres-nothing-soft-about-it/#75dc09e82b9d. Acesso em: 07 fev. 2021.

sócio meu, ele disse: "Não acredito que você faz isso!". E eu perguntei: "Por quê? Você não faz? Pois tem que fazer". É uma questão de valorizar o serviço ou produto que sua empresa oferece. Não quero entrar no mérito se determinada atitude está certa ou errada, mas quero mostrar como a inspiração vem da atitude de quem está na liderança.

Afinal, você não se torna líder porque se autoproclama, torna-se porque outras pessoas o enxergam assim. E os outros somente colocam o líder nessa posição porque ele as inspira com sua atitude e com seu exemplo, fazendo acontecer. É preciso deixar claro que em alguns momentos o empreendedor terá de ser objetivo. Logo, ele precisa saber orientar e falar o que a equipe deve fazer, sendo que força e firmeza em determinadas situações são necessárias. Contudo, quando você é apenas pragmático, cria-se um ambiente autoritário e não há empatia, inspiração. Isso gera impactos negativos no clima de qualquer empresa e na performance das pessoas, então é sempre bom saber medir a dose de firmeza, evitando cair no autoritarismo desnecessário.

MENTORIA

Se há algo que aprendi em anos e anos de vivência é a extrema importância da mentoria. O empreendedor precisa de mentores. Pode ser uma pessoa de uma área diferente da sua, e não necessariamente precisa ser uma grande autoridade, pois é muito mais sobre ter pessoas a quem podemos recorrer em momentos-chave. Então considero importante ter um mentor para cada uma das áreas sobre as quais falamos neste capítulo, como comunicação, gestão, área comportamental, entre outras. Pode ser alguém que você admira e respeita em determinado campo. Caso ainda não o conheça pessoalmente, busque uma maneira de chegar a essa pessoa.

Ao longo da minha trajetória, tive excelentes mentores. Sergio Bocayuva, ex-presidente da Mundo Verde, sempre foi um grande conselheiro para mim. Não é preciso absorver tudo o que a pessoa passa, deve-se entender que ela vai passar a percepção dela

a importância do conhecimento interno

e cabe a você decidir como agir dali em diante. É preciso não se fechar, escutar e, em algum momento, refletir sobre o que foi dito. Aliás, um *insight* nada mais é do que a nossa mente subconsciente enviando mensagens de coisas cujas outras pessoas falaram e ficaram armazenadas. Por isso, não feche sua mente.

Vamos para a ação!

RECURSOS	BALANÇO DO PATRIMÔNIO INTELECTUAL DO NEGÓCIO					
	TÉCNICO	FÍSICO	EMOCIONAL	INSPIRACIONAL	MENTORIA	ANÁLISE
VOCÊ	Quais são as competências técnicas que precisa desenvolver (ex.: gestão, finanças, comunicação)?	Você tem cuidado da sua mente e da sua saúde? Há espaço para o fortalecimento dentro da sua rotina?	Como você avalia as próprias competências emocionais? Tem lidado bem diante de situações altamente estressantes?	Sua energia está alta? Você acredita verdadeiramente no projeto que está construindo e o respeita?	Quem são os seus mentores? Você tem compartilhado seus desafios com pessoas experientes?	Avaliando todos esses aspectos e fazendo uma analogia ao balanço financeiro do seu negócio, você consegue dizer se a empresa está saudável, com muitos prejuízos ou em ponto de equilíbrio?
SEU TIME	Seu time carece de alguma formação? As pessoas possuem o conhecimento necessário para executar suas demandas? Como você pode ajudá-las ou incentivá-las?	Como as pessoas da sua equipe estão cuidando de si mesmas?	Como seu time se apresenta neste quesito? O clima e a comunicação organizacional estão fluindo?	Como tem sido a troca entre você e o time? As pessoas estão engajadas e enxergando o valor de tudo o que produzem?	Seu time possui mentores (seja você ou outras pessoas que, de fato, possam ajudá-lo a chegar aonde desejam)?	

Agora:

» **Determine um ritual para dedicar-se ao próprio aprendizado;**

» **Escolha uma área de foco para estudar em profundidade nos próximos trinta dias;**

» **Pense em cinco pessoas com as quais tem contato e com quem poderia conversar sobre temas específicos de seu negócio de maneira honesta e transparente;**

» **Escolha o seu espaço para registrar as ideias e reflexões diárias que possam ser úteis no presente e no futuro.**

Capítulo 6
O desenho do seu grande plano

7

o desenho do seu grande plano

Na minha visão, o primeiro ponto que o empreendedor deve conhecer é o conceito de plano de negócio (ou *business plan*). É nele que vão constar as principais diretrizes do seu negócio, a parte teórica que deve demonstrar para onde o seu negócio vai. É possível torná-lo tangível, por exemplo, por meio de uma apresentação de PowerPoint ou no formato canvas.

Para ajudar a entender melhor esse conceito fundamental para o empreendedor, recorro à essência do pitch, aquela apresentação rápida e sucinta que um empreendedor em busca de capital deve elaborar para tornar uma ideia ou oportunidade de negócio algo mais concreto e palpável. Afinal, todas as respostas às quais o plano de negócio da empresa deve responder precisam estar presentes na estrutura de um pitch.

Então, faça um teste: imagine que você entra em um elevador e nele está um investidor, exatamente o que você procura para o seu negócio. Com isso, você se vê diante da chance única de explicar a ele sobre o seu empreendimento. Então, o que você diria? Um modelo de pitch ideal deve conter **o nome do negócio** e, de cara, abordar **o problema** que o empreendimento se propõe a resolver. E isso significa responder a três perguntas:

> » Qual é o mercado?
>
> » Quem é afetado?
>
> » Quão profundo é o problema?

Em seguida, passa-se para **a solução**, em que serão respondidas as questões:

> » O que é o seu produto ou serviço?
>
> » Como ele funciona?
>
> » Qual é o foco da empresa?

Com isso, segue-se para **o modelo de negócio**. Aqui é preciso explicar:

> » Quanto e como você cobra pelo seu produto?
>
> » Qual o modelo de receita?
>
> » Você vai vender seu produto ou serviço? Ou será por meio de assinatura, aluguel, licenciamento, publicidade?
>
> » Que incentivos você vai oferecer ao seu consumidor?

Seu plano de negócio deve explicar quem integra a empresa, ou seja, **a equipe** por trás do negócio:

> » Quem são os sócios? Qual a experiência e formação deles?
>
> » Quem está na equipe e pode ser considerado relevante?
>
> » Quem são os conselheiros e mentores do negócio?
>
> » Quais são as parcerias, os patrocínios e apoios que o empreendimento vai receber?

Em seguida, o plano de negócios deve trazer informações relacionadas **ao mercado**:

> » Quais são os mercados potenciais?
>
> » Qual é a grande oportunidade?
>
> » Qual é o perfil do seu consumidor ou cliente?
>
> » Qual é o tamanho do mercado local e internacional?

o desenho do seu grande plano

Nesse último item devem ser incluídas variáveis relevantes e recentes, como faturamento, número de usuários, principais clientes, entre outros dados. Também deve-se tratar das expectativas de crescimento para esse mercado.

O passo a seguir diz respeito **à concorrência**:

» Quem são seus concorrentes diretos, ou seja, produtos e serviços similares?

» Quem são os concorrentes indiretos, aqueles potenciais substitutos de seus produtos e serviços?

» Quais são os pontos fortes a serem melhorados?

» Quais são as fragilidades do seu projeto?

O item seguinte se refere **ao crescimento** do seu negócio:

» Quais são as estratégias de crescimento?

» Numa projeção mínima de três anos, qual o volume de vendas e usuários esperados?

» Quais serão outros resultados financeiros relevantes (por exemplo, quais serão as margens e a geração de caixa?)?

Os **planos futuros** são o passo a seguir:

» Quais serão as evoluções do seu produto ou serviço?

» Quais os novos modelos de receitas a explorar?

» Para onde ir e como será possível expandir seu negócio?

Também deve abordar **investimentos**:

» Haverá investimento?

» Em caso positivo, qual é o valor buscado pela empresa?

» Por quanto tempo o aporte vai durar?

» Qual é o plano de investimento?

O plano de negócios deve conter ainda um **resumo de despesas** por área ou iniciativa, algo que pode ser expresso em valores ou porcentagens. Nele é importante discriminar os gastos com pessoal, custo de ocupação (aluguel, condomínio, IPTU), capital de giro, mídia e marketing, desenvolvimento, produtos ou estoque inicial, máquinas e equipamentos etc.

A **saída** é outro elemento que deve constar no plano:

» Quem são os potenciais compradores do seu negócio?
» Existem outras formas de um investidor ter saída?

O plano precisa incluir uma **tabela de capitalização**, ou *cap table*. Essa tabela nada mais é do que a descrição de quem são os acionistas de uma empresa, detalhando qual é a participação real de cada um dos sócios no negócio. Portanto, ela deve trazer:

» Qual é a estrutura acionária atual da empresa?
» O negócio já recebeu aportes de alguém?
» Em caso positivo, de quem, quando e em qual forma?

 Como um presente para você, disponibilizo aqui um manual para que estruture um pitch digno de tubarões: https://www.camilafarani.com.br/manual-shark-pitch
Neste material, você encontrará o passo a passo para montar uma apresentação direta e completa do seu negócio. Vai ajudá-lo a ter clareza do seu projeto, além de prepará-lo para oportunidades de mostrá-lo a investidores e rodadas de negócio.

Não menospreze o mapeamento dos concorrentes!

Antes de seguirmos, quero reforçar a importância do mapeamento da concorrência. É comum alguns adotarem um discurso dizendo que seu produto é único no mercado e que não se enxerga *o desenho do seu grande plano* **103**

concorrentes. Avalio cerca de cem pitches por mês e ainda não encontrei sequer um caso em que isso se sustentasse. Trata-se de um erro bastante recorrente, portanto, o empreendedor afirmar que não possui concorrentes.

Sempre existe concorrência, nem que seja de uma forma indireta. Quando falamos em concorrentes, isso pode estar focado no mesmo tipo de negócio ou no mesmo *job to be done*, o conceito do "trabalho a ser feito" que vimos no **Capítulo 4**. Vamos a um exemplo. Ao pensar nos concorrentes da Uber, vêm à mente as empresas como 99, Lyft ou Cabify, ou seja, que fazem transporte de pessoas a partir de solicitações por aplicativo.

Esses são os diretos, mas um táxi comum, que fique no ponto, também é um concorrente no transporte de pessoas. Porque o trabalho a ser feito pela Uber é pegar a pessoa do ponto A e levá-la até o ponto B, o que um táxi também faz. Assim como um patinete, uma bicicleta ou o metrô. Por isso, o empreendedor sempre deve compreender que existem vários tipos de concorrência, muito além daquelas aparentes em um primeiro momento.

Portanto, ao traçar seu planejamento, conheça seus concorrentes, liste todos eles, diretos ou indiretos, considere suas particularidades e destaque o seu diferencial em relação aos outros *players*. Detalhe não somente os pontos fortes do seu negócio, mas também suas possíveis fragilidades.

Vamos para a ação!

> » Determine um prazo para preencher o seu plano de negócios;
> » Selecione três pessoas a quem você tem acesso e que têm familiaridade com o mercado que quer perseguir e apresente o seu plano a elas: faça nota das sugestões, dúvidas e críticas;
> » Revise o plano final e agora foque-se em realizá-lo.

Capítulo 7

Gestão básica do seu patrimônio financeiro

7

gestão básica do seu patrimônio financeiro

Agora que já vimos a importância do aprendizado para quem quer ter o próprio negócio e você elaborou seu plano, vamos falar sobre dinheiro. Será que você sabe o que deve ser levado em consideração nesse campo na hora de empreender? Pois, na minha avaliação, esse é um ponto crítico. No dia a dia, o empreendedor vai cumprindo uma infinidade de tarefas, precisa defender, atacar, enfim, jogar em diversas posições, mas acaba deixando de lado conceitos fundamentais. Não leva em conta a estrutura de *pricing*, *markup*, margem, indicadores de desempenho, demonstrativo de resultados, do DRE, e de processos. Por minha experiência, 99% de quem está começando comete esse erro. E adivinhe qual é o antídoto para evitar esse equívoco? Vou correr o risco de soar repetitiva, mas a resposta é... estudar!

Sim, quem realmente quiser empreender terá de aprender os conceitos básicos formadores da área em que quer atuar. Digo isso porque também não nasci sabendo o que era *pricing*, por exemplo, e garanto que fez muita diferença ter aprendido. Quando já tinha um negócio montado, mas não tinha informação sobre muitos conceitos, tudo era mais difícil. Mas por onde começar?

Seu plano de negócios deve ser acompanhado de todo um planejamento financeiro, que nada mais é do que os indicadores principais, seja do seu negócio atual ou do que você vai criar, projetado para um, dois, três, quatro ou cinco anos. *Grosso modo*, o planejamento financeiro diz respeito a todas as receitas e despesas.

Dinheiro e planejamento andam juntos

Imagine como seria fazer uma viagem interestadual de carro, ou seja, percorrer uma longa distância, sem saber quanto de combustível você tem no tanque?

Por perceberem que os micro e pequenos empreendedores têm dificuldade ou até mesmo não têm tempo para resolver essa questão – pois estão sempre envolvidos com mil atividades –, muitas empresas criaram softwares para controle financeiro. São programas cada vez mais intuitivos. Mas devo ser sincera, não adianta você colocar uma ferramenta assim no seu negócio se não tiver um conhecimento básico dos principais conceitos que tratamos aqui.

Existe uma série de coisas que programa algum vai fazer, que precisa ser realizada pelo humano, que é você. Por exemplo, você deve saber de onde virá sua receita, quais são as formas de receita, de quais canais. Muita coisa pode ser terceirizada no cotidiano de uma empresa, mas o responsável pelo negócio deve ter uma noção de certas tarefas, nem que seja básica. Do contrário, será impossível crescer. Literalmente, a conta não vai fechar.

Aproveito para dar um exemplo pessoal. Desde a época da escola, nunca achei que fosse realmente boa em Matemática. Meu irmão sempre foi mais ligado ao universo dos números, e eu demonstrava mais intimidade com conteúdos relacionados às áreas de Humanas. Cresci com isso, e lá no início da minha história empreendedora,

gestão básica do seu patrimônio financeiro

meu irmão, que era meu sócio, ficava com toda essa parte de lidar com os números do negócio. Já ficava tudo separado entre nós. A gestão financeira era o departamento dele enquanto eu pensava na criação de ações e novos produtos, com o objetivo de aumentar nossa base de clientes e receita. Mas, ao mesmo tempo, em vez de querer aprender sobre a gestão financeira, o que eu fazia? Nada.

Muito tempo depois, constatei que minha opção por não buscar esse conhecimento era uma forma de negar a minha "dificuldade" com os números, minha insegurança naquele campo e, devo admitir, meu medo. Essa era a minha crença naquela época. Somente vim a compreender totalmente a importância de tudo isso quando me tornei sócia da rede Mundo Verde, da qual era diretora da área de Alimentação. Lembro que, logo em uma das primeiras reuniões, eu estava ao lado do diretor financeiro e tive contato com uma planilha que trazia de forma detalhada todo o plano de negócio da empresa. Ao olhar para aquilo, vi que 90% do que estava ali eu não sabia o que era. Sendo bem sincera, lembro que pensei: *Merda, que porra é essa?* Mas, passado o susto inicial, como todas as demais coisas, pensei comigo mesma: *Vou aprender!*.

Podemos definir assim: eu estava em um novo meio, mas não conhecia os códigos dele. Portanto, não havia alternativa, eu precisava aprender, porque uma coisa era cristalina: compreendendo apenas 10% daquilo, não tinha como dar certo. Mas, tomada a decisão, como foi que aprendi? Oras, eu comigo mesma. Virando madrugadas analisando a planilha, assistindo a tutoriais e testando. No início, errei, errei, errei, errei e errei. Você se lembra sobre a importância de falhar para o aprendizado, de acordo com o livro *O código do talento*, que citei no **Capítulo 4**? Pois é. Para mim, aquilo se provou a mais pura verdade.

O mais importante que ficou desse aprendizado, e até o mais legal, é que até hoje não sou nenhuma "planilheira", não me considero nenhuma "ninja" das planilhas. Mas dali em diante aprendi a importância de monitorar os principais indicadores financeiros de cada negócio em que atuo para poder crescer. Para fazer esse monitoramento, você deve ter em mãos o histórico do seu negócio, juntamente com o que está vivendo atualmente e o projetado para os próximos meses ou anos. Passado, presente e futuro. Tudo em números.

Uma gestão financeira equilibrada é um dos principais caminhos que levam ao sucesso empresarial. Esse é o tipo de controle capaz de mostrar se seu negócio está rendendo dinheiro, quais os principais pontos de preocupação – Estoque? Folha de pagamento? Equipamentos? – e onde estão os principais "sangramentos" de caixa. Você também precisa ter essas informações para definir ou revisar seus preços e até mesmo como informação prévia para entrar em novos mercados.

Para mim, três análises fundamentais para uma boa gestão financeira são:

» Fluxo de caixa;
» DRE;
» CMV.

Fluxo de caixa

Um instrumento básico para ajudar o empreendedor no planejamento e controle financeiro é o fluxo de caixa.[38]

É possível encontrar uma infinidade de conteúdos gratuitos na internet que ensinam como elaborar e utilizar o fluxo de caixa em seu negócio. O Sebrae, por exemplo, disponibiliza vídeos, e-books e cartilhas sobre o tema, nos quais apresenta o passo a passo para estruturar um controle de caixa e acompanhar a movimentação

---

38 O que é o fluxo de caixa e como aplicá-lo no seu negócio. *In*: Portal SEBRAE, São Paulo, 03 dez. 2013. Disponível em: https://www.sebrae.com.br/sites/PortalSebrae/artigos/artigosFinancas/fluxo-de-caixa-o-que-e-e-como-implantar,b29e438af1c92410VgnVCM-100000b272010aRCRD. Acesso em: 14 jan. 2020.

gestão básica do seu patrimônio financeiro **109**

financeira do seu negócio. A missão do fluxo de caixa é basicamente garantir que você sempre terá o dinheiro necessário para a operação não parar.

Você usa o fluxo de caixa para controlar a rotina financeira da empresa e descreve nele:

- **Tudo o que efetivamente recebeu**
- **Todos os pagamentos e saídas financeiras realizadas**
- **Previsões de entrada e/ou despesa**

Uma vez que o empreendedor começa a se preocupar com o fluxo de caixa, é natural que dúvidas e dificuldades apareçam antes do controle da situação ser alcançado. O retorno em tomar decisões com base nas previsões de entrada e saída de recursos, no entanto, é sentido rapidamente. Posso garantir que isso fará total diferença na sua gestão.

Costumo dizer que o fluxo de caixa é uma ferramenta poderosa para que o empreendedor possa trabalhar em paz. Sim, pois garante que estará preparado para tomar decisões estratégicas em relação à alocação de recursos e às negociações com clientes e fornecedores com foco no crescimento do negócio.

Dica importante:
As despesas são quase sempre certas, e as receitas, quase nunca.

Recebo muitas dúvidas sobre como organizar o fluxo de caixa, qual modelo seguir, mas gosto de dizer que é muito importante verificar a sua necessidade e garantir que seja uma análise clara e rápida do dia a dia financeiro da empresa.

De bate e pronto, o fluxo de caixa deve mostrar quanto dinheiro você tem disponível para despesas imediatas, se as receitas e despesas estão em sincronia para que você sempre tenha saldo suficiente para honrar seus compromissos ou se é necessário rever os seus acordos de pagamento para ter mais tranquilidade em sua jornada.

Um ponto muito importante aqui é lembrar que fluxo de caixa não é, necessariamente, prova de que o negócio está dando lucro ou prejuízo. Para ter certeza disso, você precisará avaliar o resultado final da empresa, algo que nem sempre fica claro nas transações diárias. Afinal, pode ser que a diferença entre um mês e outro faça você ter análises diferentes sobre o negócio.

Para ter um controle efetivo, todas as entradas e saídas devem ser lançadas diariamente em uma planilha de movimento de caixa. Trata-se de uma tarefa trabalhosa e nada atrativa. No entanto, é algo muito importante, pois o sucesso do seu negócio pode depender dessas informações.

Para encerrar este tópico, quero falar sobre a reserva de capital de giro. Principalmente no início do negócio, faz toda diferença ter recursos disponíveis para lidar com a possível inconstância de entradas. Ou, por exemplo, estar preparado para períodos em que precisará de maiores investimentos para colocar sua solução no mercado.

Meu objetivo ao trazer esses pontos para você é ajudá-lo a não cair em dívidas nem se perder nas finanças da sua empresa. Posso contar com seu foco nessa importante tarefa?

DRE

Demonstrativo de Resultados do Exercício, ou, como chamamos comumente, DRE,[39] é o relatório que dá clareza se o seu negócio está sendo lucrativo ou não. Ou seja, é a última linha da sua análise contendo o resultado líquido depois de contabilizar absolutamente todas as receitas e despesas de determinado período. Quando feita

---

39 DRE: O que é, como ele funciona e como fazer? *In*: EGestor, Disponível em: https://blog.egestor.com.br/o-que-e-dre-e-como-ele-funciona/. Acesso em: 5 jan. 2021.

gestão básica do seu patrimônio financeiro

de forma correta, a elaboração do DRE proporciona uma visão geral da situação financeira do negócio e também permite extrair dados relevantes. Sob o ponto de vista legal, um DRE deve ser elaborado anualmente, mas não é incomum que sejam feitos demonstrativos mensais simplificados para fins administrativos.

É interessante organizar o seu DRE por blocos. O primeiro contempla a receita bruta total, ou seja, tudo o que você recebeu. Em seguida, você colocará todas as despesas relacionadas às vendas, portanto, possíveis descontos e os impostos a serem pagos sobre o recebimento. Com essas informações, você tem a receita líquida, e é dela que deverá subtrair as despesas operacionais, os salários, custos fixos etc. Agora, sim, você estará pronto para responder se seu modelo de negócio e as decisões comerciais que tem tomado até o momento estão, de fato, servindo para que construa uma empresa com possibilidade de crescimento e resultados positivos.[40]

Esta visão realista da saúde financeira deve estar sempre à mão. Mais do que apenas saber quais são os seus números, você deve usar essa visão a favor de decisões: identificar pontos do negócio que possam estar com perdas excessivas, reconhecer os produtos ou serviços mais rentáveis, analisar a sua relação com fornecedores e clientes etc.

O patrimônio financeiro ajuda a entender onde e quanto você pode investir dentro da sua empresa. Quis falar sobre dinheiro antes de apresentar o plano de negócios porque, na minha visão, se você entra no planejamento já com a mente orientada para a sustentabilidade financeira, sua análise crítica se torna muito mais apurada.

---

40 Como medir a lucratividade? Primeiro passo: conheça os modelos de receita. *In*: ACE Startups. Disponível em: http://acestartups.com.br/modelos-receita-dre-startup/. Acesso em: 5 jan. 2020.

CMV

Custo por Mercadoria Vendida (CMV), embora a própria denominação já diga, equivale a quanto você precisa investir para que cada unidade do seu produto seja entregue ao consumidor final. Para quem trabalha com serviço, o termo de análise é Custo por Serviço Vendido (CSV).

Nas análises anteriores, o empreendedor obtém os custos gerais do negócio. Agora, quando foca o CMV ou CSV, consegue visualizar de modo tangível o impacto unitário dessas despesas – e daqui tirará a base fundamental para determinar o seu preço final, que, além de assegurar a lucratividade, deve apoiar a proposição de valor e a posição de mercado do produto ou serviço.

Para exemplificar, vou seguir a análise de um produto físico. O cálculo sempre parte da definição de um período de análise; por exemplo, trinta dias. A partir disso, considerando valores, você olhará qual era o seu estoque inicial e somará a quanto investiu na compra de insumos e recursos para a produção e entrega do seu produto. Desse valor total, você vai subtrair o estoque final do período. O resultado é o seu CMV. No caso da venda de serviços, você não avaliará estoque, mas com certeza terá os custos operacionais para deduzir considerando, inclusive, as despesas de hora/pessoa para a sua realização.

Para que este ponto fique bem claro, no quadro a seguir deixo um exemplo de como fazer o cálculo de CMV:

CMV = EI + C - EF

Se houver perdas, elas devem ser incluídas. Estoque deve ser sempre contado.

Exemplo: suponhamos que sua cervejaria possuía 5 mil reais em estoque (EI) no início do mês anterior. Ao longo de trinta dias, foram investidos 3 mil reais em compras (C). Ao final do período, chega com 4 mil reais em estoque (EF).

CMV = 5000 + 3000 - 4000

CMV = 4000

gestão básica do seu patrimônio financeiro **113**

> Outra forma de calcular o CMV, agora em porcentagem. Suponhamos que sua cervejaria tem um custo financeiro fixo de 20 mil reais e recebe 30 mil reais em um mês. Assim temos:
>
> CMV = (20000 x 100)/30000
>
> CMV = 66,66%

fórmula

O custo que muda tudo

Na quarta temporada do *Shark Tank Brasil*, um dos empreendimentos em busca de investimentos foi o Pança's Restaurante e Bar, do Rio de Janeiro, que tinha planos de expandir e, para isso, desejava conseguir 360 mil reais em troca de 15% de participação na empreitada. No pitch apresentado aos tubarões, os três sócios explicaram em detalhes toda a operação do negócio, que tem na costela bovina seu carro-chefe. À medida que o programa avançava e as informações sobre o Pança's surgiam, cada um de nós tomava nota dos números do restaurante, localizado numa comunidade fluminense e com capacidade para atender até cem clientes em mesas na calçada.

Até que, em determinado momento, foi perguntado aos empreendedores qual era a rentabilidade do negócio. "A nossa margem líquida final atualmente é de 11%", explicou Rafael Lavrado, um dos sócios e profissional com experiência no mercado financeiro. Diante dessa resposta, todos os tubarões se entreolharam, pois tratava-se de um desempenho muito tímido para um restaurante. O que poderia explicar tal número?

Começamos a "investigar". Para atender a alta demanda nos finais de semana, o Pança's recorria à contratação de até seis funcionários *freelancers*. Mas somente isso não explicaria aqueles 11%. Então, o que poderia ser? Desvio de mercadoria? Ou será que os sócios estavam errando na hora de comprar os produtos para preparar a costela, pagando caro pela carne, sua principal matéria-prima?

Passamos a verificar outros indicadores atrás de uma explicação. Qual o preço de venda dos pratos? "Entre 100 e 110 reais, dependendo dos acompanhamentos. E serve de três a quatro pessoas", explicaram os sócios. O mistério persistia. Até que eu quis saber uma coisa a mais, e perguntei: "Qual é o CMV do Pança's?". Nesse momento, os sócios disseram: "Essa conta confessamos que ainda não sabemos fazer". Estava solucionado o enigma. O CMV é um ponto crucial no dia a dia de um restaurante. Para quem é dono, esse número equivale ao coração do negócio batendo.

"Mas como vocês não sabem?", insisti. E Lavrado, o sócio que era do mercado financeiro, respondeu: "Pois é, isso eu ainda não sei fazer". Veja, naquele instante, se eles tivessem tentado me enrolar, como, aliás, muitos tentam, eu teria dito: "Muito obrigada, mas tchau". Mas, pelo contrário, fechei com eles um investimento de 360 mil reais em troca de uma participação de 25% no negócio (em vez dos 15% que queriam originalmente). E por quê? Por causa daquela atitude de assumirem não saber, da sinceridade, transparência e humildade, pois reconheceram não ter conhecimento daquela conta, por mais básica que fosse.

Portanto, aquele "não sei" teve grande valor para todos naquele momento. Ao mesmo tempo, vi que, se aquilo fosse sanado, existia potencial para o negócio decolar, pois estava claro que eles tinham venda, o que faltava ali era melhorar a gestão financeira. Foi por isso também que me identifiquei com aqueles empreendedores, pois um dia também eu subestimei os números do meu negócio, entre eles o CMV.

Aprendizado pela dor

Você quer saber como descobri a importância de ter controle financeiro? Então vamos a uma história: eu já tinha restaurante havia algum tempo, mas, como já mencionei, era pouco afeita a números.

gestão básica do seu patrimônio financeiro

Sem querer mudar isso, decidi fazer um plano de negócios para uma unidade que eu havia modernizado. Confesso que ficou lindo. Peguei ideias que vi no exterior, incluí tendências etc. Chegada a hora de fazer o já mencionado DRE, o demonstrativo de resultados do exercício, incluímos projeções para aquele restaurante dali a cinco anos. Fui lá e fiz, mas havia um detalhe: entre as novidades do novo negócio, criei uns combos de lanches, pois pensei que seria uma grande ideia, tanto do ponto de vista estratégico quanto de marketing.

E o que aconteceu? Bom, ao abrir o restaurante, cerca de 70% de todo o faturamento do negócio vinha dos combos. Só que eu não tinha feito a conta do CMV dos combos. Ou seja, não tinha cuidado dos números adequadamente. E naquele momento já não era mais somente eu, a Camila, que era dona do restaurante. Havia um enorme fundo por trás do negócio, que era realmente o dono, já que meu percentual era pequeno.

Lembro dos sócios me olhando e de um deles dizer: "Como é que você errou? Não conseguiu fazer uma conta básica?!". Fui tomada por um sentimento de desespero. Aquilo me atormentou por um tempo: *Meu Deus, como fui errar nisso? Que burra eu sou...* Foi exatamente neste momento que concluí: *Se eu não controlar TUDO no que diz respeito às finanças, nada vai dar certo.*

De certo modo tudo já dava certo, pois eu ganhava dinheiro, mas o que ficou claro ali para mim é que o controle financeiro nos dá muito mais segurança para as tomadas de decisão. E foi assim que aprendi, na marra e pela dor, a fazer a conta correta do CMV dos combos e controlá-lo de maneira adequada. Estabeleci um ajuste financeiro, usando planilha, e isso gerou um processo, que tive de fazer o mais rápido possível, para não perder dinheiro. Que nesse caso, aliás, não era meu, era dos outros investidores.

Por isso insisto que para tudo deve existir um plano de negócios, um DRE projetado, um controle eficiente do passado, presente e futuro do seu negócio. Você precisa ter o planejamento para um e cinco anos, pensando no macro. Porém, isso não significa que você não precise ter microplanejamentos também. Atualmente, controlo o CMV dos meus restaurantes diariamente, e isso veio do aprendizado daquela situação dos combos. Talvez você possa estar se perguntando: como conseguir isso? Bom, com estudo e pesquisa. No meu caso, por exemplo, encontrei o modelo de planilhas que a Starbucks usa para controlar o CMV da rede dela e me adaptei a ele.

O mecanismo de controle vai variar para cada segmento, cada mercado, mas uma coisa não muda: o empreendedor precisa aprender como controlar e fazer isso para o negócio dele. Então, descubra quais são os principais indicadores do seu negócio. Esse conhecimento é algo obrigatório.

Atenção aos processos

Comecei a mencionar os desafios da vida empreendedora e, na minha visão, o mais constante está em manter os processos no negócio. Um exemplo usual: como viajo muito, minha equipe sempre faz cotação de passagens em três companhias ou horários diferentes, como em um orçamento tradicional. Isso é um processo. Agora, imagine que amanhã alguém deixe de fazer isso e compre a primeira passagem encontrada em uma pesquisa. Daí simplesmente todo aquele processo foi por água abaixo, porque ele nada mais é do que as coisas sendo feitas de forma repetida. O problema de perdermos um processo é que abrimos brecha para decisões menos assertivas e com menos autonomia, afinal, você já não sabe se a aquisição ou o acordo foram os melhores possíveis, então é mais difícil delegar com a base de informações necessárias para que o time esteja confiante em dar aquele passo etc.

O que acontece atualmente é o empreendedor estar ao telefone, à frente do negócio, mas também nos bastidores e, quando vê, está fazendo dez coisas ao mesmo tempo, mas nenhuma delas bem. Quando um empreendedor começa a focar em múltiplas coisas ao

gestão básica do seu patrimônio financeiro

mesmo tempo, o processo se perde. Acrescente tudo isso à fadiga de decisão,[41] um tipo de estresse comum em quem está numa posição que exige a tomada de decisões durante todo o tempo.

Ter processos não significa engessar a operação, mas ter um guia que colabore para que as decisões possam ser compartilhadas e asseguradas.

Por fim, saiba comemorar

Para fechar este capítulo sobre contas e finanças, quero compartilhar uma recomendação que considero bem válida. Quando tinha 20 anos, aprendi algo que repito até hoje: sempre que tiver uma vitória que acredita ser importante, se recompense. Essa gratificação, no entanto, deve vir de uma forma concreta, tangível. Pode ser, por exemplo, a compra de um presente legal para si mesmo.

Quem me ensinou isso foi um cliente, Nelson, ainda na época da cafeteria da minha mãe. Dono de uma empresa de software, bem antes do *boom* das startups ele já era milionário. Vinha quase diariamente ao nosso negócio e era uma pessoa bastante humilde e maravilhosa. Como sempre andava com relógios caros, como Rolex, um dia, minha mãe e eu, em meio a uma conversa, perguntamos sobre o significado daquele relógio. "Gostou? Este aqui comprei por ter batido uma meta importante na minha empresa", ele nos contou. "Como assim?", perguntei, ainda sem entender. E ele explicou: "A cada vitória minha, compro um objeto, algo que vire um símbolo para que eu sempre possa lembrar daquele momento".

Ali, naquela conversa, eu era apresentada ao conceito da âncora. Cada presente servia para eternizar uma conquista. Anos depois, ao ler *Os segredos da mente milionária*, de T. Harv Eker, me deparei com mais uma explicação. Segundo o autor, as pessoas com mentalidade milionária

---

41 GAMB, M. 7 dicas para evitar a "fadiga de decisão". In: Forbes, São Paulo, 17 maio 2019. Disponível em: https://forbes.com.br/carreira/2019/05/7-dicas-para-evitar-a-fadiga-de--decisao/. Acesso em: 16 jan. 2020.

quando compram algo valioso, como um carro ou uma casa, olham para aquele ativo e dizem: "Vou trabalhar mais, vou trabalhar dobrado, para manter isso". Já quem tem uma mentalidade pobre compra mesmo sem ter condições, se endivida, não sabe como vai pagar. Existe, portanto, uma descomunal diferença entre esses estilos de pensamento.

Não estou dizendo para você fazer loucuras, mas para colecionar as suas medalhas e suas âncoras a cada conquista, de maneira consciente.

Vamos para a ação!

Vamos para o seu planejamento financeiro:

- » **Se você já tiver o controle das finanças do seu negócio:**
  - › Reserve um tempo de qualidade para revisá-lo em busca das oportunidades: quais produtos ou serviços têm uma boa rentabilidade e merecem mais investimentos? Quais custos podem ser otimizados? Como está a saúde do seu fluxo de caixa?
- » **Se você está começando seu negócio:**
  - › Inicie pelo desenho do fluxo de caixa. Mesmo que ainda não tenha faturamento, calcule as despesas já previstas para o ano e já determine as metas de receitas mínimas para que, além de abater os custos, consiga ter margem para continuar investindo no negócio.

Bônus! Gestão financeira completa:
Para ajudá-lo a estruturar toda a gestão financeira do seu negócio, preparei uma planilha de gestão completa para que use como modelo e adapte à sua realidade. Com ela, você terá uma visualização única do fluxo de caixa, investimentos, vendas e resultado financeiro. Acesse:
https://www.camilafarani.com.br/planilha-gestao-completa-camila-farani/

decisões

Ter processos não significa engessar a operação, mas ter um guia que colabore para que as decisões possam ser compartilhadas e asseguradas.

Capítulo 8
Este é um jogo que não se ganha sozinho

7 este é um jogo que não se ganha sozinho

Nos capítulos anteriores, falamos muito do papel do empreendedor na condição de protagonista do seu negócio. Isso é fácil de entender com uma analogia: ele é o treinador do time, mas também se vê obrigado a entrar em campo, onde assume a braçadeira de capitão, cobra falta, escanteio, bate pênalti e até vai para o gol, dependendo da exigência de cada momento. No entanto, muito além de toda essa flexibilidade e versatilidade, o dono do empreendimento precisa ter plena consciência de que está em uma modalidade coletiva, jamais em um jogo que será decidido individualmente.

Colaboradores, sócios, parceiros e investidores são outras posições importantes e que devem ser ouvidas. É preciso, portanto, conhecer as técnicas e estratégias mais eficientes para lidar com cada um deles a fim de conquistar os resultados desejados para o seu negócio. É o que faremos a partir de agora.

Vamos começar pelos colaboradores. Se você quer ser bem-sucedido nos seus negócios, saiba que existem dois pontos essenciais na gestão de qualquer empresa: pessoas e processos. Com os indivíduos certos, executando seu trabalho de maneira correta, mensurável e organizada, tanto o modelo de negócios quanto o produto/serviço o acompanharão rumo ao sucesso.

Um exemplo que gosto de citar pode ser visto nas startups. Por começarem com estruturas enxutas e horizontais de hierarquia e gestão, há espaço para que as pessoas participem diariamente da estratégia da organização, dando a elas liberdade dentro de seus papéis e criando um ambiente colaborativo. É o sentimento de pertencimento, o senso de "dono", algo extremamente poderoso e transformador por aumentar os resultados e trazer escalabilidade aos negócios.

Mesmo empresas tradicionais já estão percebendo isso. Já mencionei o Google e sua iniciativa de estimular seus funcionários a utilizarem 20% do seu tempo na empresa para pensar em qualquer tipo de inovação. Imagine se de segunda a sexta você dispusesse de um dia inteiro para inovar em seu negócio. Quais impactos isso poderia trazer?

A gigante do Vale do Silício, no entanto, vai muito além para incentivar seu time vencedor. O primeiro ponto é que, pelas regras dos 20% dedicados à inovação, os colaboradores não precisam necessariamente desenvolver algo focado na área em que trabalham. Ou seja, eles têm uma considerável liberdade para criar. E estamos falando disso em um ciclo, semana a semana, mês a mês, ano a ano, multiplicado por cada funcionário. Portanto, trata-se de um enorme "patrimônio" em termos de cultura pela busca de inovação.

Um segundo ponto é que as melhores ideias apresentadas por esse formato participam de uma espécie de competição e são premiadas. Os funcionários podem escolher que tipo de prêmio preferem: recursos financeiros ou uma promoção de cargo. Para ficar com um exemplo, a ideia do navegador Google Chrome surgiu desse estímulo e hoje seu desenvolvedor ocupa um cargo estratégico na organização. Não é para menos, uma vez que em

este é um jogo que não se ganha sozinho   **123**

dezembro de 2019 o Chrome respondia por quase 69% do mercado[42] e estava disponível em 49 diferentes idiomas.[43] Eis, portanto, o retorno para o Google por difundir o senso de "dono" entre seus colaboradores.

Todos responsáveis

Um dos conceitos ligados a estratégias como a adotada pelo Google é chamado de *accountability* (responsabilização, em uma tradução livre). No livro *O princípio de Oz*,[44] os autores Roger Connors, Tom Smith e Craig Hickman falam sobre o assunto e resumem o termo em: "ter senso (individual ou coletivo) de responsabilidade por resultados". Ou seja, todos da equipe trabalhando por uma causa única, que é o crescimento da empresa. Quando a companhia ganha, o time inteiro também é vencedor.

Agora, vamos nos aprofundar um pouco mais nesse pensamento: segundo o conceito, a essência para uma melhoria contínua está em colocarmos cada integrante da equipe no papel de responsável por cada resultado, e não meramente encarregado por alguma atividade. Com essa lógica, o colaborador não é um simples executor; em vez disso, passa a exercer a função de um planejador, um gerente de suas atribuições. É possível imaginar que não são poucos os frutos dessa mudança de modelo.

Em paralelo, o *accountability* traz um outro ponto fundamental que é muito nítido na cultura das startups. Trata-se do conceito de *ownership* (algo como sentimento de posse, numa tradução

---

42 Desktop Browser Market Share Worldwide. *In*: Statcounter. Disponível em: https://gs.statcounter.com/browser-market-share/desktop/worldwide/#monthly-201907-202001. Acesso em: 19 jan. 2020.

43 Idiomas compatíveis. *In*: Google Play Console. Disponível em: https://support.google.com/googleplay/android-developer/table/4419860?. Acesso em: 19 jan. 2020.

44 CONNORS, R.; SMITH, T.; HICKMAN, C. **O princípio de Oz**: como usar o accountability para atingir resultados excepcionais. Barueri: HSM, 2017.

livre). Por consequência, esse tipo de responsabilização promove entusiasmo nos colaboradores e estímulo para que façam sempre o melhor. Tudo fica mais fácil quando sabemos o que nos motiva a levantar da cama todos os dias, não é mesmo? Pois é, nesse caso algumas empresas estão injetando ânimo no sistema.

Mas há um aspecto desse conceito que precisa ficar bem claro: o *ownership* não é algo que pode ser delegado. E qual seria a razão para isso? Porque estamos falando de um sentimento que cresce de forma individual em cada um quando o ambiente é propício. A lógica aqui é: o meu sucesso será o sucesso de todos. E posso garantir a você, não existe nada mais poderoso no mundo dos negócios do que a ideia de intraempreendedorismo. A formação de novos líderes depende da aplicação dessa mentalidade. Porém, na prática, vemos muitos empreendedores longe dessa meta.

Desafio: gente

Para entender um pouco melhor o tamanho do desafio para mudar o estado das coisas em muitos negócios, vamos analisar alguns dados. Em 2016, a Endeavor, organização global sem fins lucrativos com foco em empreendedorismo, realizou a pesquisa "Desafios dos Empreendedores Brasileiros",[45] levantamento feito com base em entrevistas com quase mil empreendedores dos mais variados perfis. Entre os pontos apresentados pelo estudo, estavam as principais áreas em que os empreendedores sentem mais "dor". O resultado mostrou que o item "gestão de pessoas" é considerado o maior desafio para qualquer empreendedor. E, dentro desse tema, "formar lideranças" foi a principal aflição apontada pelos entrevistados, à frente de itens como

---

45 Pesquisa Desafios dos Empreendedores Brasileiros 2016. *In*: Endeavor Brasil, São Paulo. Disponível em: http://info.endeavor.org.br/desafiosdosempreendedores?utm_source=cta-pesquisa-desafios&utm_medium=lp-download&utm_content=artigo-divulgacao&utm_campaign=cta-pesquisa-desafios&_ga=2.113910215.1585765836.1579476429-258619338.1577999811. Acesso em: 19 jan. 2020.

este é um jogo que não se ganha sozinho　　　**125**

"seleção e recrutamento", "capacitação da equipe", "falta de motivação ou disciplina dos colaboradores", e "retenção de funcionários".

Quando perguntados sobre a aplicação de boas práticas de gestão, dentre as onze opções possíveis, "ações de desenvolvimento de lideranças" foi a segunda prática menos utilizada nas suas empresas, à frente apenas do desenvolvimento de um "plano de carreira".

Portanto, é possível chegar a uma conclusão: empreendimentos que já operam com uma gestão mais holocrática (que abrem mão da hierarquia e propõem organizações mais horizontais) estão automaticamente exercitando a formação de seu novo corpo gerencial com as experiências do dia a dia. E isso é fundamental, pois líderes são construídos durante toda uma carreira, e não só quando se percebe a ausência de sucessores e é preciso agir.

Para que esse modelo seja bem aplicado pelas organizações tradicionais, no entanto, elas também precisam mudar sua cultura. Um atributo como esse, porém, somente será aproveitado se a empresa tiver uma política inclusiva, sem uma hierarquia rígida. Por isso, o primeiro passo está na fase de recrutamento: selecionar as pessoas certas. Mas talvez você esteja se perguntando: como é possível fazer isso? Bom, é preciso, antes de mais nada, identificar perfis que estejam alinhados com sua cultura, que comprem e gostem dos seus produtos ou serviços, que compartilhem dos seus objetivos. Lembre-se, todos os componentes do time têm de buscar o mesmo resultado. Exatamente por isso, você precisa usar uma boa dose de estratégia na hora de montar a sua equipe.

Outro ponto fundamental é a comunicação. Colaboradores com *ownership* devem ser instigados, e não comandados. Nas startups e em hierarquias horizontais, as pessoas compartilham experiências, preocupações e trabalham de forma colaborativa. Um se adapta à rotina do outro porque há uma troca constante; não existe o "faça isso", mas o "o que funciona para mim pode funcionar para você". O sentimento de liberdade no trabalho e um ambiente propício para ação influenciam diretamente os resultados.

Dessa forma, quanto mais cedo você provocar essa mudança nos seus comportamentos e nos de seus colaboradores, alimentando a "atitude de dono", seus esforços serão diminuídos no futuro, pois seus colaboradores multiplicarão internamente essas ações. E o mais importante: isso o permitirá investir energias em novas táticas e em inovação. O *accountability* garante mais dinamismo ao negócio.

A importância de contratar bem

Como afirma Jorge Paulo Lemann, o envolvimento do empreendedor ou líder da empresa nas contratações é algo crucial para a empresa, tão importante quanto obter boas vendas, produzir e ter bom preço. Não há exagero nessa colocação, uma vez que será essa a equipe responsável por, junto do líder, fazer a empresa crescer.

Certo, mas muita gente deve se perguntar: como buscar profissionais extraordinários? Uma boa dica é compreender quais são as características mais relevantes que as empresas buscam no século XXI. São elas:

» **Pensamento crítico e capacidade de resolução de problemas, algo fundamental para empresas de qualquer porte e de qualquer setor;**

» **Colaboração e trabalho em equipe, extraindo maior potencial do conhecimento de várias áreas;**

» **Capacidade de aderência à cultura da empresa.**

Isso, claro, em complemento aos critérios técnicos que a vaga pode exigir.

este é um jogo que não se ganha sozinho **127**

Como acertar na hora de montar o time?

Para atrair pessoas brilhantes, as empresas também precisam ser atrativas, algo que vale tanto para as pequenas quanto para as de médio e grande portes. Empresas de todos os tamanhos podem se beneficiar de algumas iniciativas para mostrar quão interessante é o seu ambiente de trabalho e atrair talentos. E não me refiro necessariamente à remuneração.

Falo sobre a relevância de uma estratégia de *employer branding* (algo como "reputação do empregador"), que será a vitrine para atrair profissionais de alto potencial, e também a importância do tempo para *onboarding* (integração de novos colaboradores), que é a oportunidade de colocar o recém-contratado a par não só das atividades, mas do negócio em si, e o apresentar aos colegas de trabalho e às demais áreas.

A tarefa de manter um bom time, no entanto, não para na contratação. Os monitoramentos da qualidade do time e de sua satisfação devem ser constantes. Para isso existem algumas ferramentas auxiliares, como o *balanced scorecard* da equipe, metodologia capaz de traduzir, em números, "a temperatura" do grupo, possibilitando descobrir quais são as suas deficiências e qualidades.

Pequenas empresas que ainda não têm recursos dedicados para essas ferramentas podem usar plataformas de colaboração disponíveis gratuitamente na internet para circular pesquisas de clima e também se beneficiar da quantificação dos dados referentes às equipes. Entre os atributos, é possível medir o percentual de colaboradores que se recordam da missão da empresa, necessária para garantir os valores de não ficarem apenas na parede, mas de serem traduzidos para os clientes. Por exemplo: rotatividade voluntária dos funcionários e outros atributos. É uma prática saudável que ajuda a sentir o clima organizacional.

Outro ponto que pode ajudar você a compreender como está a liderança na sua empresa é responder à seguinte questão: qual o percentual de funcionários que deixaram sua empresa nos últimos seis meses? Zero? 5%? Será que 10, 15%? 20% ou mais? Trata-se de uma forma de você mensurar como o time está reagindo à gestão da companhia. São números que, quando analisados com atenção, podem indicar muito sobre o clima na organização.

Outro fator importante é avaliar quais são os principais erros de gestores e líderes nas empresas. Separei alguns pontos que são críticos:

- Microgerenciamento;
- Falta de tempo para direcionar a equipe ou dar feedback;
- Tomar atitudes diferentes das exigidas dos funcionários;
- Gerenciar à distância, sem conhecer os problemas operacionais do negócio;
- Centralizar e não delegar.

O novo líder

Se estamos falando de uma mudança de cultura, isso também se aplica ao papel do líder. Aliás, o conceito de liderança está muito mais ligado a desaprender do que a aprender, porque, nas empresas tradicionais, em um passado não tão distante, o papel dos líderes significava ajudar no crescimento dos negócios.

Agora, essa função está muito mais ligada às ideias de alguém responsável pela transformação e pela facilitação. A cultura das startups e das empresas mutáveis e implacáveis traz essa e outras formas dinâmicas de organização hierárquica, muito mais horizontal, em que a estratégia é compartilhada e vivenciada por todos. Portanto, engajamento, inclusão e sustentação de um propósito comum e individual são habilidades desse novo perfil de líder.

Seu estilo de liderança é reflexo da sua família, do meio, de práticas pessoais e profissionais e do aprendizado. E, sim, liderança se aprende.

A tarefa de manter um bom time, no entanto, não para na contratação. Os monitoramentos da qualidade do time e de sua satisfação devem ser constantes.

Saiba que liderança é atitude e que um dos maiores erros de um líder é achar que sabe tudo. Para liderar, você precisa se acostumar com o risco. Ao mesmo tempo, um bom líder precisa ser humilde e escutar.

Compartilho com você três mitos sobre liderança:

> **MITO 1: Liderança nasce com a pessoa. Errado – É uma característica que pode ser desenvolvida. Líderes são construídos.**

> **MITO 2: Uma vez líder, sempre líder. Errado – O líder de hoje pode não ser o líder de amanhã. Liderança é fluida. Você precisa se adaptar para garantir sua autoridade.**

> **MITO 3: Seu estilo de liderança serve para tudo e todos. Errado – A liderança precisa ser situacional. Você precisa se adaptar ao interlocutor ou às situações para que sua liderança seja efetiva.**

Na crise, o líder chama a responsabilidade para si. As pessoas precisam entender que as crises são cíclicas, mas o seu negócio, sua prestação de serviço e o seu dia a dia têm que ser consistentes, portanto, não se acomode. Todos temos que estar preparados para as crises, pois elas vão ocorrer o tempo todo. É melhor aprender a ser resistente do que à prova de crise.

Quando ocorreu a pandemia de covid-19, muitos jornalistas me perguntavam: "Camila, e agora, como você vai fazer como investidora?". Minha resposta: "Agora, cada vez mais eu vou levar em consideração aquele empreendedor que sabe gerir crises". E sabe por quê? A dor é temporária, mas desistir é eterno.

Um ponto sensível para muitos empreendedores é delegar. Você já parou para pensar da seguinte maneira: *Se acontecer alguma coisa comigo, será que a empresa anda?* Liderança se aprende! Não saber delegar e querer fazer tudo sozinho é o começo do fim, porque as pessoas falham e você também vai falhar.

Há duas perguntas que gosto de fazer para as pessoas:

> **Se você recebesse amanhã 100 milhões de dólares na sua conta, o que faria?**

este é um jogo que não se ganha sozinho

» Se você tivesse apenas mais trinta dias de vida, o que faria?

Sempre que faço essas perguntas, penso na resposta que daria para ambas as questões: "Eu faria exatamente o que estou fazendo hoje". Se você não está fazendo o que gosta ou está em um lugar que acredita que não te pertence, reinvente-se. E faça isso quantas vezes forem necessárias. Não tem problema nenhum. Sabe por quê? Não tem certo ou errado. O que é certo para mim pode não ser para você.

Empresas e negócios são feitos de pessoas. E as pessoas erram. Você, como líder, tem o papel em tempo integral de ser o educador do seu time. Prepare seu time para dar resultados. Se o time está sem resultados, o líder está falhando em seu papel. Fracasso é um evento, não uma pessoa. Perder faz parte do processo.

E quando falamos sobre empreendedorismo, sempre repito: a dor é temporária, mas desistir é eterno. Na realidade, o empreendedor precisa de duas coisas: lucro e ser feliz.

4 PERGUNTAS ESSENCIAIS PARA FAZER A SI MESMO

- » Como eu tomo decisões sobre meus negócios e vida pessoal?
- » Quão diversas são as minhas relações?
- » Eu sou corajoso o suficiente para abandonar uma prática que me fez bem-sucedido no passado?
- » Quando foi a última vez que eu mudei de ideia?

Esses são questionamentos importantes a todos aqueles que lideram ou precisam assumir uma posição de líder. Coloque na sua cabeça que liderança é um hábito. Ela também envolve propósito, influência e autenticidade.

Neste sentido, também ressalto algumas características que você precisa desenvolver agora se deseja liderar:

» **COMUNICAÇÃO ABERTA:** receba e encoraje as pessoas a darem feedback;

» **EMPATIA PARA RETER TALENTOS:** esfera pessoal e profissional não são duas coisas distintas hoje em dia;

» **AUTOCONHECIMENTO:** conhecer seus sentimentos, seus pontos fortes e fracos, suas motivações, seus objetivos – e o impacto que tudo isso provoca nos outros;

» **DESTREZA SOCIAL:** administrar relacionamentos para conduzir as pessoas na direção desejada;

» **AUTOCONTROLE:** controlar ou redirecionar impulsos e estados de espírito nocivos.

Originalmente publicado na *Harvard Business Review*, o artigo *Liderança que obtém resultados*,[46] do psicólogo Daniel Goleman, baseou-se numa pesquisa da empresa de consultoria Hay/McBer feita com mais de 3.800 executivos, selecionados dentro de uma base de mais de 20 mil líderes do mundo todo, para descobrir o que está por trás de uma liderança eficaz. A conclusão mostra que o levantamento encontrou seis estilos distintos de liderança: coercitiva, democrata, afetiva, visionária, modeladora e treinadora. A gerente do Hay Group, Caroline Marcon, em entrevista à revista *Exame*,[47] afirmou que o líder perfeito deve ser autêntico, pois, para ela, é preciso administrar nossas fragilidades e fortalezas. E de qual maneira? Por meio do autoconhecimento. Conheça a seguir os prós e contras de cada estilo.

» **COERCITIVO:** neste estilo temos pessoas mais vigilantes, que utilizam a crítica como meio de liderar. São conhecidos por utilizarem

---

46 GOLEMAN, D. Liderança que obtém resultados. *In*: LIDERANÇA: os melhores artigos da *Harvard Business Review*. Rio de Janeiro: Elsevier, 2005.

47 LADEIA, B. Os prós e contras de 6 estilos de liderança. *In*: Exame, São Paulo, 02 jul. 2013. Disponível em: https://exame.com/negocios/pros-e-contras-dos-6-estilos-de-lideranca/. Acesso em: 07 fev. 2021.

este é um jogo que não se ganha sozinho **133**

o medo para tratamento de colaboradores e costumam ter perfis mais ácidos e duros. O seu maior ponto positivo é visto, em geral, em situações críticas e de emergência, nas quais a liderança exige atitude e que os liderados partam para a ação. Já para os pontos negativos, temos o bloqueio criativo da equipe toda, pois estamos falando de uma liderança que poda o seu time. A liberdade não faz parte das características dos que estão por perto desse líder.

» **DEMOCRATA:** como o nome já diz, no estilo de liderança democrata a equipe é consultada a fim de que suas melhores características sejam aproveitadas na tomada de decisões e divisão de tarefas. São líderes que incentivam a alta performance, pois todos dentro do ecossistema são corresponsáveis pelo resultado como um todo. Entretanto, nesses casos é preciso cuidado com equipes muito jovens e inexperientes: uma opinião alcançada por consenso pode, ainda assim, estar incorreta!

» **AFETIVO:** líderes afetivos acabam expressando muito os seus sentimentos em relação aos colaboradores e tendem a dar mais atenção às pessoas do que às atividades, resultando em alta lealdade da equipe. O interesse em relação ao bem-estar de todos é autêntico; contudo esse papel de camarada pode ser prejudicial quando o assunto é foco, resultado e gestão de crise.

» **VISIONÁRIO:** aqui temos clareza em relação ao que é passado e, quando o assunto é avaliação de resultados, o foco é o longo prazo. A comunicação costuma ser muito boa entre líder e liderados e a transparência é peça fundamental para tudo o que acontece dentro do negócio. Já as crises, em contrapartida, podem ser um problema, pois apesar do impacto ser positivo, o líder visionário pode não gerir tão bem as situações que demandam uma ação imediata.

» **MODELADOR:** neste líder temos características como grande detalhamento das atividades e alta exigência de resultados. Um dos pontos positivos é a melhora da qualidade de serviços e produtos e a abreviação na formação de pessoas, mostrando que sempre existe um caminho melhor para a resolução de problemas. Mas cuidado! Com um nível elevado de autoestima no quesito excelência, tendem a tentar replicar o próprio perfil, minando a criatividade geral da equipe.

» **TREINADOR:** este líder preza pelos pontos fortes e fracos de cada integrante do time e acredita que é por meio do desenvolvimento pessoal de todos que os resultados se elevarão. A comunicação é, em geral, muito boa, e o foco no longo prazo faz com que os níveis de liderança entre a equipe sejam rápidos de serem atingidos. Entretanto, costumam assumir riscos desnecessários em prol da evolução geral do time.

A conclusão do artigo de Goleman é que os executivos não devem usar nenhum dos estilos de uma forma exclusiva. Muito pelo contrário. O líder bem-sucedido é aquele que sabe utilizar cada perfil no momento certo, de um modo condizente com as exigências de cada situação. Tempos de mudanças repentinas exigem essencialmente líderes com poder de alta adaptabilidade.

Além dos novos estilos, no cenário atual o líder também deve repensar aquilo que prioriza e no que dedica seu tempo. Uma pesquisa realizada na Microsoft em 2005, com 38 mil profissionais, mostrou que dezessete horas semanais são tidas como improdutivas.[48] Entre os motivos estão: falta de metas claras, erro de comunicação e o excesso de reuniões. Assim, são os processos e ações ineficazes que influenciam no desempenho.

Contudo, não podemos esquecer um fator-chave nesse contexto. Quem executa o microgerenciamento dos projetos? Não são as pessoas? O foco da liderança, então, não deveria estar baseado nelas? Líderes acabam se perdendo nos números dos acionistas quando o verdadeiro foco

---

48 SURVEY finds workers average only three productive days per week. **Microsoft**. Disponível em: https://news.microsoft.com/2005/03/15/survey-finds-workers-average-only-three-productive-days-per-week/. Acesso em 25 fev. 2021.

este é um jogo que não se ganha sozinho

deveria estar nos colaboradores. Construir relacionamentos, desenvolver habilidades e estimular o autodesenvolvimento devem ser encarados como investimento a longo prazo, com altas taxas de retorno.

Em outra pesquisa, feita pela PwC, uma empresa de consultoria e networking corporativo, foi encontrada a correlação do propósito do líder ou da corporação com a taxa de permanência de funcionários dentro de uma empresa, mostrando que, quando sentem-se mais conectadas à missão e à cultura organizacional, pessoas são 2,3 vezes mais propensas a permanecerem na companhia. Para a faixa etária dos millennials, esse índice aumenta para 5,3 vezes.[49] No livro _Líder empreendedor_,[50] Dave Ramsey defende que os comportamentos daquele que está na posição de liderança costumam ser replicados em sua equipe. Ou seja, o líder influencia pessoas e as leva a agir. E essa é uma responsabilidade muito grande.

Outro aspecto importante é que líderes muito focados em gerenciamento das atividades também tendem a ser mais reativos, pois só conseguem enxergar números, entregas, prazos; portanto, são mais controladores e perfeccionistas. Entretanto, para o bem de toda a organização, é necessário que os colaboradores exponham seus pontos de vista, ideias e inovações, evitando, assim, que tudo se perca nessa rotina nociva.

Aliás, um bom hábito para líderes é dedicar um tempo para a observação e reflexão. Durante uma semana, contabilize o tempo que você gasta com o que é operacional. Isso não apenas oferece uma oportunidade de estar mais perto da equipe como ajuda a "enxugar" seus processos. Garanto que praticar a autogestão é algo muito positivo. Você vai descobrir o quão mais produtivo é deixar de fazer reuniões que podem ser resolvidas com o envio de um e-mail e aproveitar

---

49 PUTTING purpose to work: a study of purpose in the workplace. **PwC**, Disponível em: http://floridacommunity.com/wp-content/uploads/2016/06/Putting-Purpose-to-Work-Purpose-Survey-Report.pdf. Acesso em: 25 fev. 2021.

50 RAMSEY, D. **Líder empreendedor**: seja o líder que estrutura e desenvolve empresas. Ribeirão Preto: Novas Ideias, 2014.

o tempo para conhecer melhor sua equipe, entender habilidades que não estão sendo aproveitadas, reconhecer o esforço de um colaborador ou se dedicar, por exemplo, a passar conhecimento ao time.

Em suma, os líderes mais eficazes são aqueles capazes de equilibrar o foco das tarefas com o foco nas pessoas, para inspirar, desenvolver e capacitar. Líderes muito voltados a tarefas tendem a ter uma visão linear e situacional, enquanto atitudes diferenciais são as que levam a uma visão ampla, enxergando necessidades e oportunidades. É importante desacelerar momentaneamente, ou seja, dar atenção ao seu público interno, capacitar e fomentar a inovação para ir mais longe no futuro. A inovação é um processo demorado e que exige investimentos contínuos. Não se trata de ser eficiente, mas de ser eficaz.

Papel do líder

Podemos afirmar que existem muitas vertentes da liderança. Mas, em linhas gerais, bons líderes têm habilidades como:

> » Traduzir a visão da companhia e manter as equipes mobilizadas em torno de objetivos comuns;
> » Comunicar objetivos de negócio e estratégias de crescimento de forma clara;
> » Foco e atitude: não são os "líderes de escritório", que dão ordens à distância, sem compreender ou ouvir as equipes que estão na interface com os clientes.

Elizabeth Long Lingo, professora de Liderança Inovadora no Worcester Polytechnic Institute (WPI), e Kathleen McGinn, professora de Administração na Harvard Business School, desenvolveram um estudo extenso que pode auxiliar empreendedores nesta nova função

este é um jogo que não se ganha sozinho

e abordagem que é a liderança empresarial.[51] Entre as constatações das duas pesquisadoras estão os três momentos de poder:

> **O poder situacional, em que os gestores precisam calibrar suas qualificações de acordo com situações e objetivos;**
> **O poder relacional, em que a capacidade de liderança depende da habilidade de relacionamento com outras pessoas;**
> **O poder dinâmico, que exige resiliência dos gestores e visão crítica para adaptar suas estratégias à medida que percebem diferentes necessidades nos negócios.**

Você consegue identificar momentos no seu dia a dia empreendedor em que exerce diferentes tipos de liderança? Quais suas principais dificuldades atuais nessa área? Essas são questões importantes para você avaliar continuamente como está a sua liderança.

Bússola do líder

Você sabe o que é prioridade no dia a dia de alguém que ocupe um cargo de liderança? Se sua resposta é não, te apresento ao conceito da bússola do líder. Trata-se de uma forma de separar aquilo que é importante e urgente e que, portanto, exige uma atenção imediata do líder, daquilo que pode ser decidido em outro momento. Veja no que consiste essa técnica:

IMPORTANTE E URGENTE = FAÇA AGORA	IMPORTANTE E NÃO URGENTE = DECIDA QUANDO FAZER*
> Projetos com prazos;	> Valorização da equipe;
> Problemas urgentes;	> Relacionamentos;
> Apagar incêndios;	> Planejamento;
> Resolver crises;	> Treinamento;
> Reuniões importantes.	> Preparação;
	> Estratégias;
	> Prevenção;
	> Recreação.

---

51 LONG LINGO, E.; MCGINN, K. A New Prescription for Power. *In*: Harvard Business Review, Boston, jul. 2020. Disponível em: https://hbr.org/2020/07/a-new-prescription-for-power. Acesso em: 6 set. 2020.

NÃO IMPORTANTE E NÃO URGENTE = ELIMINE	NÃO IMPORTANTE E URGENTE = DELEGUE
› Fofocas e intrigas; › Ociosidade; › Retrabalho; › Perda de tempo; › Distração; › Tomadores de tempo que atrapalham a sua produtividade.	› Telefonemas; › Interrupções; › Algumas reuniões; › Tarefas simples; › Tarefas importantes para os outros.

* Coloque data para que você não deixe cair no esquecimento.

Um líder chamado Geraldo Rufino

Presidente do Conselho da JR Diesel, Geraldo Rufino morou em favela, foi catador de latinhas, ensacador de carvão e quebrou seis vezes. Rufino foi um dos convidados que recebi no "Desafio CF7". Compartilho com você algumas das valiosas lições deste verdadeiro líder-empreendedor.

Exemplo de humildade, Rufino afirmou que aprendeu a agradecer todos os dias, pois tem referência de valores.

> Não tenho dias difíceis, existem tempos difíceis. Tenho um monte de problemas, mas eu não acho isso ruim. Não fico olhando para trás, mas quando olho pelos retrovisores, enxergo vivências, experiências, aprendizado, os buracos que caí. Daí, procuro olhar para a frente para não repetir os mesmos erros.

Rufino defende que o empreendedor deve ser um resolvedor de problemas e a não os ver como algo ruim. "Você é maior que os problemas", afirmou. Ao falar das inúmeras crises que presenciou, Rufino foi enfático: "Sem crise não há evolução. A crise te leva a levantar da cadeira, tomar atitude, a ter propósito, iniciativa e objetivo".

este é um jogo que não se ganha sozinho **139**

Ainda segundo ele, todos nós deveríamos ser nós mesmos, sermos autênticos. Mas e os outros? "O mundo tem 8 bilhões de outros. Não se preocupe com eles, preocupe-se com você. Goste de você. Se você gostar de si mesmo de verdade, é provável que os outros passem a gostar também", afirmou o empreendedor, para quem um bom líder é aquele que cuida e tem carinho pelo time.

Por fim, Rufino recomendou: "Tenha paixão pelo que você faz. Empreendimento é um sentimento, um comportamento, um jeito de pensar. É ter prazer naquilo que está fazendo".

Eu, Camila, acrescento: pessoas felizes lideram melhor.

Engajar é preciso

Falamos de _accountability_ e _ownership_, conceitos para desenvolver no colaborador a responsabilidade pelos resultados e o senso de dono. Mas há muito mais questões no horizonte do empreendedor no que se refere à gestão de pessoas. Por exemplo, é cada vez mais comum colaboradores que são admitidos nas empresas ficarem dois anos ou até menos e pedirem para sair. Você já viu isso acontecer?

Pois digo que esse fenômeno tem a ver, sim, com o perfil das novas gerações, mas, principalmente, com o fato de a empresa ter ou não uma cultura forte de retenção de talentos. Por que funcionários querem ficar em empresas como o Google e o Facebook? A resposta mais provável é que eles buscam evolução profissional e alinhamento de propósito.

Agora reflita: você estimula ou é estimulado a buscar conhecimento? Tem liberdade para implementar suas ideias inovadoras? Pois saiba que esse é um dos principais ingredientes para a construção de uma cultura voltada para a retenção. Quando vamos mais fundo no assunto, no entanto, compreendemos que reter talentos está muito mais ligado a questões comportamentais do que a simples pontos salariais.

Por exemplo, dados divulgados na HR Conference 2019, evento voltado à área de recursos humanos e organizado pela plataforma de educação corporativa HSM, indicaram que, quando o funcionário vivencia uma experiência negativa com seu líder direto, existe sete vezes mais risco de ele também ter uma experiência ruim dentro da empresa, o que pode resultar em um pedido de demissão. No final, todos perdem. Acrescente outros ingredientes a esse cenário: os jovens da chamada geração Z (nascidos entre as décadas de 1990 e 2010), que estão começando a entrar no mercado de trabalho, demonstram comportamentos e propósitos bem diferentes das gerações passadas, aspecto que vai exigir atenção das empresas. Um levantamento com mais de 2 mil jovens em dez países, entre eles o Brasil, feito pela empresa de consultoria e pesquisa Millennial Branding, em parceria com a empresa global de recursos humanos Randstad, mostrou que 27% dos jovens da geração Z são menos motivados por dinheiro do que a geração anterior (quando esse índice era de 37%).[52, 53]

Entre os Z, 34% dizem que são mais atraídos quando a empresa oferece oportunidades de avanço na carreira e de ganho de conhecimento. Portanto, promover esse engajamento é o que realmente fará a diferença. Quando os funcionários, e até os gestores, não enxergam crescimento, eles começam a sentir que não são importantes no processo. Com isso, se você não investir neles, eles também não investirão em você. E farão automaticamente um desligamento mental da empresa. Mas como superar esse paradoxo? O primeiro ponto é reconhecer que todas as pessoas da sua empresa, incluindo você, estão em uma curva de aprendizado. Isso significa que todo papel

---

52 REMUS, D. A Geração Z é mais pé-no-chão que a Y. *In*: Startupi. São Paulo, 12 out. 2014. Disponível em: https://startupi.com.br/2014/10/o-dia-das-criancas-que-ganham-mais--que-empreendedores/. Acesso em: 07 fev. 2021.

53 SACCARO, M. The millennial is dead: How an irrepressible stereotype was finally supplanted. *In*: Salon, 25 set. 2014. Disponível em: https://www.salon.com/2014/09/25/the_millennial_is_dead_how_an_irrepressible_stereotype_was_finally_supplanted/. Acesso em: 07 fev. 2021.

este é um jogo que não se ganha sozinho

tem um prazo de validade e você precisa saber qual o próximo passo para cada pessoa.

Autor do livro *The Employee Experience*,[54] Tracy Maylett desenvolve pesquisas há mais de vinte anos sobre como engajar de maneira eficaz os colaboradores das organizações e reter talentos. Sobre esse assunto, o especialista ensina a regra do MAGIC de engajamento dos funcionários, representada por cinco conceitos que, traduzidos do inglês, seriam: significado (*meaning*), autonomia (*autonomy*), crescimento (*growth*), impacto (*impact*) e conexão (*connection*). Segundo as pesquisas de Maylett, quando esses cinco fatores estão presentes na cultura das empresas, as organizações conseguem atingir 95% de engajamento. Os gestores desempenham um papel importante na criação de trabalhos motivadores e significativos. Gerentes inteligentes criam oportunidades nas quais as pessoas possam usar seus pontos fortes.

Dar autonomia também é algo muito importante para permitir que os seus colaboradores sejam energizados por seus próprios projetos e se sintam peça importante na engrenagem da empresa. Quando você tem um gestor que se preocupa com sua felicidade e seu sucesso, a sua carreira e a sua vida acabam ganhando um significado, além de deixarem legados. Assim fica difícil se imaginar trabalhando em outro lugar.

Alguns dados nos ajudam a compreender melhor os impactos das relações entre as peças da equipe na vida das empresas: em 2019, a empresa de inteligência de mercado CB Insights realizou um levantamento[55] para entender as causas "de morte" de startups mundo afora. Para isso, entrevistou funcionários e gestores com passagens por 101 startups que falharam. "Não ter o time certo"

---

54 MAYLETT, T.; WRIDE, M. **The Employee Experience**: How to Attract Talent, Retain Top Performers, and Drive Results. Nova Jersey: Wiley, 2017.

55 THE TOP 20 Reasons Startups Fail. *In*: CB Insights. [S.l.], 6 nov. 2019. Disponível em: https://www.cbinsights.com/research/startup-failure-reasons-top/. Acesso em: 07 fev. 2021.

e "desarmonia entre time e investidores" estão entre as vinte principais razões de mortalidade das startups, segundo o estudo.

Diante desses desafios, depois de muitos anos de experiência com startups, ganhando e perdendo dinheiro, desenvolvi junto com meus sócios uma forma de avaliar as empresas na hora de escolhermos aquelas em que iremos investir. Para isso, usamos um questionário com mais de oitenta indicadores, o que já demonstra não se tratar de algo simples. Neste contexto, o time é um dos itens que considero mais importantes.

A análise sobre o time envolve perguntas como:

- » **Os integrantes têm habilidades complementares?**
- » **Estão 100% focados no seu negócio?**
- » **Todos têm efetivamente o mesmo objetivo?**
- » **Quem são as pessoas comprometidas?**
- » **A liderança tem veia comercial?**
- » **A equipe tem conhecimento técnico?**

A chegada do sócio

Na hora de buscar um sócio, sem dúvida nenhuma, a primeira coisa a ser levada em consideração é a reputação do candidato a ocupar esta posição-chave no seu negócio. Você deve analisar trabalhos anteriores, conversar com quem conhece a pessoa, pesquisar o histórico dela, descobrir suas habilidades técnicas. Nesse ponto, é importante entender que o sócio deve ser alguém que complemente as suas habilidades.

Mas, sem dúvida alguma, algo muito relevante são os *soft skills* da pessoa em relação aos seus, ou seja: se vocês vão trabalhar juntos, é necessário que seus valores e seus propósitos sejam parecidos. Obviamente, isso não significa que todo mundo precisa ser igual. Mas os objetivos têm que ser os mesmos para o futuro de qualquer empreendimento.

Pode parecer um pouco clichê, mas reflita: muitas vezes você passará mais tempo com os sócios do que com sua própria família.

este é um jogo que não se ganha sozinho **143**

Portanto, não adianta você desejar que sua empresa daqui a cinco anos esteja em um patamar e seu sócio querer outra coisa. Da mesma maneira, não é possível dar certo um negócio em que um almeja que a empresa cresça em escala global e o outro sócio prefira restringir o crescimento para algo regional, dentro do país. Por isso, o objetivo e as premissas do negócio têm que estar muito alinhados.

Há muito tempo falo sobre como o aspecto comportamental do empreendedor é um dos grandes diferenciais para a prosperidade e a longevidade dos negócios.

A maneira como os empreendedores são no seu relacionamento interpessoal é um fator decisivo na minha tomada de decisão ao entrar na sociedade de uma empresa. E também deve ser para você na hora de construir um CNPJ. Ser empreendedor exige muita resiliência, persistência e paixão. Sociedade é como um casamento, partilha de altos e baixos, de erros e acertos. Por que você se casa com alguém? Porque existe um compartilhamento de sentimentos, de responsabilidades.

Vejo muitos empreendedores que acabam se associando a amigos e parentes por serem pessoas mais próximas, mas isso está completamente errado! Associe-se a quem possui características complementares às suas e que compartilhe de uma mesma visão de futuro, somente assim você atingirá o equilíbrio. Mas o mais importante é que casamentos não são, obrigatoriamente, eternos. Às vezes, o mais saudável é seguirmos sozinhos e/ou com uma nova parceria.

Qualidades para procurar em um sócio

A escolha do sócio é parte fundamental para o sucesso a longo prazo do negócio. Muitas vezes, se não analisarmos todos os pontos necessários ou se fizermos a escolha errada, corremos o risco de levar a companhia ao buraco. A sintonia entre sócios traz resultados positivos e, seguindo este exemplo, Amanda Dixon, especialista em finanças, elencou as dez principais qualidades quando o assunto é encontrar o parceiro ideal para dividir responsabilidades de uma empresa.[56]

» **PAIXÃO:** O trabalho árduo com o objetivo de cumprir metas é uma das características fundamentais para que você encontre o parceiro ideal. Ele deve ser apaixonado pelo negócio e estar disposto a empreender tanto tempo quanto você para atingir resultados. Não coloque ao seu lado pessoas que não são comprometidas e apaixonadas, isso poderá arruinar planos futuros.

» **CONFIABILIDADE:** Comprometimento é uma característica chave. Você confiaria em alguém que nunca ficou por um período maior do que 12 meses dentro de uma empresa? Pois é, não dá! O entusiasmo até pode ser grande, entretanto, a confiabilidade de que o sócio estará ao seu lado é primordial para seguir em frente. Observe os possíveis sinais de que você não pode contar com aquela pessoa.

» **COMPATIBILIDADE:** Até pode parecer muito atrativo encontrar alguém que pense exatamente da mesma maneira que você; contudo, características complementares também são interessantes quando o assunto é encontrar aquele que dividirá as responsabilidades do negócio ao seu lado. Todos temos habilidades, por isso encontre alguém com atributos complementares aos seus. Essa dica é poderosa e fará diferença na seleção!

» **CONEXÕES:** A expansão do negócio está diretamente ligada à rede de networking dos envolvidos, por isso invista em pessoas com clientes em potencial, contatos com investidores e influenciadores. Se estamos falando de negócios que estão inseridos em segmentos mais nichados, as conexões podem ser um diferencial para o crescimento.

---

56 DIXON, A. Top 10 Qualities to Look for in a Business Partner. *In*: Smart Asset, Nova York, 25 jun. 2018. Disponível em: https://smartasset.com/small-business/qualities-to-look-for-in-a-business-partner. Acesso em: 13 fev. 2020.

este é um jogo que não se ganha sozinho

» **CONHECIMENTO:** Informação liberta e, mesmo que você não encontre um especialista em finanças, é preciso encontrar alguém com conhecimentos mínimos nessa área para administrar o dinheiro. Um diferencial é não ter problemas financeiros atrelados ao passado.

» **CRIATIVIDADE:** Ideias novas e originais são fundamentais no dia a dia. Escolha, portanto, pessoas inovadoras e que possam diferenciar sua empresa de outras do mesmo setor.

» **MENTE ABERTA:** Ninguém quer ter ao lado aqueles que não estão abertos para novas ideias e vivem fechados nas mesmas premissas comuns. Procure pessoas receptivas e com a mente aberta, pois isso poderá fazer a diferença na hora de atingir grandes potenciais.

» **CAPACIDADE DE CORRER RISCOS:** Existe um equilíbrio que precisa ser estabelecido: em diversas situações você precisará se arriscar ou investir em soluções que não apresentam um resultado óbvio. Ter um parceiro que está disposto a correr riscos será necessário nesses momentos. O equilíbrio, entretanto, está na impulsividade; assim, procure sócios que consigam assumir riscos, mas, ao mesmo tempo, sejam cautelosos.

» **CONCILIAÇÃO:** Desentendimentos acontecerão e conflitos são inevitáveis. Por isso, você deve procurar pessoas que não guardam rancor ou buscam vingança, pois esse comportamento com certeza será mais nocivo do que benéfico.

» **RESILIÊNCIA:** Conforme as decisões são tomadas, contratempos aparecerão e você precisará de um parceiro resiliente para estar ao seu lado e motivá-lo quando os problemas aparecerem. Não escolha alguém que desistirá na primeira dificuldade, pois isso não fará bem ao seu futuro ou ao da empresa.

Aliás, sobre resiliência e persistência, costumo dizer que há apenas dois tipos de pessoa: as que fazem para dar certo e as que fazem até dar certo. Lembro de certa vez estar reunida com um dos meus sócios, quando surgiu um problema. Diante disso, falei: "Temos dois caminhos, achar que não vai dar certo nunca ou fazer até dar certo. Essa é a atitude empreendedora. Empreendedorismo é um estilo de vida".

A importância do mentor

Colaboradores e sócios integram o time, mas, para encarar os desafios do dia a dia, o empreendedor pode contar com a ajuda de outros personagens. A figura do investidor mentor, ou apenas do executivo mentor, é essencial para uma escalada mais assertiva e com menos riscos. São empresários com uma imensa bagagem de conhecimento, experiência de mercado e que abrem "portas" para um *networking* focal. Tudo de que o empreendedor precisa para crescer de forma mais sustentável.

Empreendedores passam a maior parte do tempo pensando em estratégias, análises de mercado e formas de conseguir investimento, muitas vezes se esquecendo de dedicar tempo ao *mentoring* (termo que significa tutoria ou apadrinhamento), em trocar experiências com executivos mais experientes; mas ressalto que é do exemplo que surgem ideias e novas soluções. O principal objetivo do mentor é trazer novas visões e perspectivas, principalmente porque ele não está tão "contaminado" pelo negócio. Além disso, se faz importante provocar reflexões para evitar que esses empreendedores cometam os mesmos erros cometidos por eles no passado. O melhor mentor é aquele que deixa de ser apenas uma ferramenta estratégica do negócio e se torna mentor do próprio empreendedor.

Saber administrar questões pessoais e emocionais é o que realmente faz a diferença entre um simples empreendimento e um negócio de alto impacto. O empreendedor ter inteligência emocional é o que faz as empresas alcançarem boas performances e prosperarem.

este é um jogo que não se ganha sozinho

Dessa maneira, aumenta-se a durabilidade da relação mentor e empreendedor. Portanto, as qualidades encontradas em um mentor emocionalmente inteligente são autoconsciência, autorregulação, motivação, empatia e habilidades sociais. Segundo um estudo realizado pela Universidade Olivet Nazarene, em 2019, nos Estados Unidos,[57] ficou constatado que, quanto maior o índice de inteligência emocional do mentor, mais confiança o empreendedor tem.

Entretanto, é importante ressaltar que mentores são apenas facilitadores do processo. Cabe aos empreendedores tomarem as melhores decisões, pois ninguém melhor que o próprio dono do negócio para saber qual caminho seguir. Na hora de escolher mentores, estude a fundo a história dos executivos e entenda como eles superaram os obstáculos. Os melhores mentores têm a capacidade de olhar além das próprias necessidades e sentir um senso de responsabilidade em retribuir à sociedade – é o que chamamos de *give back*. Mentores emocionalmente inteligentes gostam de compartilhar experiências e entendem a importância desse ato. No fim, todos saem ganhando.

Vamos para a ação!

Neste momento, vale uma importante reflexão de todo o time sobre o alinhamento de comportamentos dentro da organização.

» Será que a maneira como lidamos com cada situação está alinhada à cultura que queremos construir?

» Analise como está a relação da liderança com o time.

» Existe um plano de futuro para cada pessoa que compõe sua organização?

» Que tal criar um espaço na agenda para reuniões com cada membro do seu time e alinharem juntos esse plano?

---

57 STUDY explores professional mentor-mentee relationships in 2019. **Olivet Nazarene University**. Disponível em: https://online.olivet.edu/research-statistics-on-professional-mentors. Acesso em: 25 fev. 2021.

Fase 2
Construção do negócio

Capítulo 9
Empreenda com visão de crescimento

7

empreenda com visão de crescimento

Muito já foi dito a respeito da relação entre crise e oportunidade, tão bem ilustrada pelo antigo ditado: "Enquanto alguns choram, outros vendem lenços". E, antes de mais nada, quem deseja ter um negócio próprio não deve temer os tempos difíceis. Pelo contrário, tal pessoa precisa ter plena consciência de que, dentro dos ciclos existentes no mercado, sempre haverá altos e baixos. Deve-se estar preparado, portanto, para saber atuar em qualquer realidade. Justamente em períodos de tempestade, alguém com espírito empreendedor precisa de ferramentas essenciais como iniciativa, criatividade, persistência e perfil executor para que um negócio possa sobreviver. Ou até mesmo se desenvolver.

Há uma história que ganhou fama por simbolizar as possibilidades de crescimento em meio a uma crise severa. Nesse caso, literalmente. Durante a Grande Depressão, a partir da crise de outubro de 1929, o norte-americano Charles Brace Darrow (1889-1967) viu sua vida mudar. Como muitos, Darrow, um vendedor de aquecedores domésticos da Filadélfia, perdeu o emprego naquele período de retração econômica e escassez. Nos EUA, onde tudo havia começado, a taxa de desemprego chegou a impressionantes 24,9% em 1933, quando os efeitos se aprofundaram, e permaneceu acima de 14%, de 1931 a 1940. Essa taxa era de apenas 3,2% em 1929, nos meses pré-crise. Apenas para efeito de comparação, durante a chamada Grande Recessão, após a crise de 2008, o desemprego nos EUA atingiu 10% em outubro de 2009, o que ajuda a entender alguns dos impactos que os dois eventos produziram.[58]

Portanto, Darrow era apenas mais uma pessoa a procurar por trabalho numa terra arrasada, onde um em cada quatro adultos havia perdido sua fonte de renda. Poucos anos mais tarde, porém, ele se tornaria um milionário. Como isso foi possível? Por meio de um jogo. Não me refiro aqui, no entanto, a nenhum tipo de loteria ou algo similar. A vida e as finanças daquele desempregado mudariam por causa de um simples jogo de tabuleiro. Isso porque Darrow acabou entrando para a história como o criador do *Monopoly* (que no Brasil é conhecido como Banco Imobiliário).

Ainda em 1931, Darrow havia procurado a empresa de brinquedos Parker Brothers (fundada em 1883 e adquirida pela Hasbro em 1991) para tentar vender um jogo de tabuleiro em que o objetivo era adquirir títulos de propriedades fictícios. Tratava-se de uma adaptação feita por ele a partir de um passatempo caseiro que Darrow havia aprendido a jogar com alguns de seus vizinhos. Para sua frustração, porém, a Parker rejeitou a compra. No entanto, a negativa não desanimou Darrow, que, com os poucos recursos que tinha, imprimiu cópias do jogo e passou a vendê-las de forma independente. Aos poucos, no entanto, o *Monopoly* foi se tornando popular, despertando a atenção da Parker, que decidiu comprá-lo em março de 1935. Pelo acordo fechado, a empresa se comprometeu a dar a Darrow uma comissão por cada jogo vendido.

---

58 AMADEO, K. Unemployment Rate by Year Since 1929 Compared to Inflation and GDP. **The Balance**, Nova York, 17 set. 2020. Disponível em: https://www.thebalance.com/unemployment-rate-by-year-3305506. Acesso em: 22 jan. 2021.

empreenda com visão de crescimento **153**

O que Darrow, a Parker ou qualquer pessoa não poderia imaginar era o sucesso que o *Monopoly* conquistaria. Ainda em 1935, ele já se tornou o jogo de tabuleiro mais vendido nos Estados Unidos. Década após década, no entanto, seu apelo se mantém. Atualmente, ele é comercializado em 111 países e está disponível em 43 diferentes idiomas,[59] o que o transformou no jogo de tabuleiro mais popular do mundo. Suas vendas até 2015, quando completou 80 anos de existência, eram de 275 milhões de cópias mundo afora.[60]

Somente em 1973, seis anos após a morte de Darrow, veio a público que o jogo feito por ele se tratava de uma versão de outros jogos, todos derivados do *Jogo do Proprietário*, um projeto originalmente criado pela escritora e inventora Elizabeth Magie (1866-1948), patenteado por ela ainda em 1904.[61] Ironicamente, o jogo de Magie era antimonopólio, pois ela acreditava que o conceito de propriedade era injusto e queria difundir essa ideia entre as pessoas por meio do jogo de tabuleiro.

A brincadeira criada por ela tornou-se popular, sobretudo em círculos intelectuais e acadêmicos, como as universidades Harvard e Columbia, o que levou a uma série de ramificações, incluindo aquela que Darrow adaptou de seus vizinhos. Em seus esforços para assumir o controle total do *Monopoly* e de outros jogos relacionados, a Parker Brothers fechou um acordo com Magie para comprar sua patente. Pagaram 500 dólares ainda em 1935, pouco depois de fazerem o acordo com Darrow.

Muito embora a ideia original do jogo de fato não tenha sido de Darrow, como ele afirmava, o que é motivo de um imenso debate,

---

59 MONOPOLY Brasil. **Mais informações**. São Paulo. Facebook: MonopolyBrasil. Disponível em: https://www.facebook.com/pg/MonopolyBrasil/about/?ref=page_internal. Acesso em: 22 jan. 2020.

60 LEOPOLD, T. Monopoly: At 80, it just keeps 'Go'-ing. **CNN.com**, Atlanta, 19 mar. 2015. Disponível em: https://edition.cnn.com/2015/03/19/living/feat-monopoly-80th-anniversary/index.html. Acesso em: 22 jan. 2020.

61 PILON, M. Monopoly's Inventor: The Progressive Who Didn't Pass 'Go'. **The New York Times**, Nova York, 13 fev. 2015. Disponível em: https://www.nytimes.com/2015/02/15/business/behind-monopoly-an-inventor-who-didnt-pass-go.html. Acesso em: 22 jan. 2020.

no final, foi ele quem apostou no potencial de mercado daquilo que era mera diversão de seus vizinhos. Com a ajuda da mulher, Esther, e do primeiro filho, William, o vendedor acrescentou cores e outros elementos de design, tornando o brinquedo bem mais atraente, e foi à procura de quem pudesse produzi-lo em grande escala. Não desistiu até conquistar esse objetivo.

Se o *Monopoly* se tornou esse sucesso colossal e até hoje é um passatempo que diverte gerações do mundo todo, muito disso se deve à iniciativa, à persistência e à visão daquele vendedor sem recursos do início dos anos 1930. De quebra, Darrow conseguiu trocar a condição de desempregado pela de milionário no auge da crise pela qual o mundo inteiro passava. Vamos admitir, não é pouca coisa.

Mercenários × missionários

A história de Darrow trata do binômio crise e oportunidade. Porém, independentemente de o período enfrentado ser mais difícil ou não, empreender deve ser sempre encarado como uma atividade com objetivos a longo prazo em vez de algo com foco em um retorno imediato. E, convenhamos, não é possível encarar uma maratona da mesma maneira como um atleta disputa uma prova de 100 metros rasos. Portanto, é preciso decidir o que você quer e qual será a sua estratégia. Esse pensamento está inserido no conceito de "mercenários × missionários" no ambiente empresarial, elaborado por John Doerr e Randy Komisar, sócios da Kleiner Perkins, uma das mais famosas empresas de capital de risco do Vale do Silício, nos EUA.

Ao longo de mais de quarenta anos, a Kleiner Perkins apoiou empreendedores como Larry Page, Sergey Brin e Eric Schmidt, do Google/Alphabet; e Jeff Bezos, da Amazon; além de empresas como Compaq, Facebook, Waze, Spotify, Uber, Twitter, entre muitas outras.[62]

---

62 HISTORY in the Making. *In*: Kleiner Perkins. Disponível em: https://www.kleinerperkins. com/partnerships/. Acesso em: 23 jan. 2020.

empreenda com visão de crescimento

Doerr é famoso por deixar claro os tipos de empresas e líderes nos quais gosta de apostar e o que acredita ser necessário para criar valor duradouro, sobretudo em tempos de mudança rápida. Para ele, o empreendedor é alguém que "faz mais do que qualquer um pensa ser possível com menos do que qualquer um pensa ser possível".

Porém, segundo Doerr, a característica mais importante de um empreendedor, a diferença crítica que separa aqueles de alto impacto dos que não fazem grande diferença, é menos sobre **o que fazem** e mais sobre **o que acreditam** e **como se comportam**. Os empreendedores com os quais ele mais deseja trabalhar, diz, são missionários. Os outros, segundo ele menos convincentes, são mercenários. Ele diz haver espaço para ambos, mas a diferença entre mercenários e missionários "é toda a diferença do mundo".

Ainda em 2001, Komisar tratou do tema em seu livro *The Monk and the Riddle*[63] (*O monge e o enigma*, ainda sem tradução para o português). Segundo Doerr e Komisar, no mundo dos negócios são muitas as diferenças entre a visão e as atitudes de um mercenário e as de um missionário. Enquanto os primeiros são movidos pelo impulso e por uma espécie de paranoia, os últimos são movidos pela paixão.

Ser um mercenário, para os autores, funciona como correr em grande velocidade, considerando apenas resultados de curto prazo. Os missionários, por outro lado, são estratégicos e focam-se em grandes ideias para construir parcerias de longa duração. Essa resolução faz toda a diferença, principalmente quando falamos em inovar, algo que leva tempo para ser feito.

Concentrar-se apenas nos concorrentes e chefiar como se estivesse à frente de uma matilha de lobos faz parte das características dos mercenários, enquanto os missionários preferem se focar em clientes e declarações de valor da empresa, atuando como mentores e treinadores do time.

---

63 KOMISAR, R.; LINEBACK, K. **The Monk and the Riddle**: The Art of Creating a Life While Making a Living. [S. l.]: Harvard Business Review Press, 2001.

O trabalho, em seu viés mais primário, deve contribuir com a sociedade; esse desejo faz parte das características dos missionários, que reconhecem a importância do dinheiro e desejam ter sucesso, mas são motivados, acima de tudo, pelo desejo de significado pelo que é feito, atingindo êxito e sucesso a partir dessas premissas. Já os mercenários preocupam-se mais com seus próprios direitos, são motivados pela possibilidade de ganhar mais e, consequentemente, atingem o sucesso por esse princípio.

Em um artigo sobre o tema publicado no site da *Harvard Business Review*,[64] Bill Taylor, cofundador da *Fast Company*, revista norte-americana das áreas de tecnologia, negócio e design, elaborou perguntas para o empreendedor descobrir se tem uma atitude de mercenário ou de missionário. São elas:

> » Você possui uma definição de sucesso que o permite defender algo especial e inspirar outras pessoas a ficarem ao seu lado?
>
> » Sua empresa possui uma proposição de valor que explica tudo aquilo em que você acredita e que define aquilo que você vende?
>
> » O trabalho e os comportamentos que você e seus parceiros têm desenvolvido criam algo memorável e significativo?

A partir das perguntas acima, procure avaliar como seu negócio se relaciona com seus valores mais importantes. Acrescento mais algumas, com o objetivo de aprofundar a reflexão:

> » Ao final de um dia de expediente, você sente que tem conseguido, de forma genuína, entregar valor aos seus clientes?
>
> » Coloque-se no lugar de quem está do outro lado do balcão e tente analisar: se seu empreendimento deixasse de existir amanhã, seus consumidores iriam sentir falta daquilo que você tem oferecido?

---

64 TAYLOR, B. The Best Entrepreneurs Are Missionaries, Not Mercenaries. *In*: Harvard Business Review, Boston, 11 abr. 2016. Disponível em: https://hbr.org/2016/04/what-separates-high-impact-entrepreneurs-from-those-who-dont-make-a-big-difference. Acesso em: 23 jan. 2020.

empreenda com visão de crescimento

Tenho certeza de que as respostas a esses questionamentos vão ajudá-lo a compreender melhor qual perfil de empreendedor você vem desempenhando.

Rony Meisler, CEO do Grupo Reserva, foi um dos convidados que recebi no meu treinamento on-line "Desafio CF7", em agosto de 2020. Ele pôde compartilhar algumas de suas experiências como especialista em empreendedorismo e *branding*.

> **Empreender é muito difícil, por isso, você precisa amar o que faz. Se pergunte qual o seu hobby, o que você faz sem remuneração, veja uma forma de transformar em negócio. Se você amar o seu negócio, você vai vencer. Em qualquer área que você trabalhe, você precisa ser um vendedor.**

Amazon e os 10 mil dólares

Gosto sempre de me inspirar nos melhores em seus segmentos e esse é o caso da Amazon, gigante do comércio eletrônico, mas presente em diversas outras áreas. Fundada em 1994, a empresa tinha mais de 1,2 milhão de funcionários em dezembro de 2020 e receita de 386 bilhões de dólares registrada em 2020.[65] E, se como vimos, um dos aspectos do empreendedor missionário é uma visão estratégica e com foco no longo prazo, então Jeff Bezos, CEO da Amazon, deu uma aula nesses dois quesitos com uma decisão divulgada em maio de 2019.[66] Na ocasião, a empresa anunciou que ofereceria 10 mil dólares, além de até três meses de pagamento de salário, aos funcionários que saíssem da empresa para iniciar um negócio de entrega de pacotes.

---

[65] AMAZON. *In*: Craft. Disponível em: https://craft.co/amazoncom. Acesso em: 07 fev. 2021.

[66] AMAZON will pay workers U$ 10.000 to quit and form delivery companies. CNBC. Disponível em: https://www.cnbc.com/2019/05/13/amazon-will-pay-workers-10000-to-quit-form--delivery-companies.html. Acesso em: 23 fev. 2021.

A iniciativa foi conduzida pelo programa "Parceiro de Serviço de Entrega da Amazon", algo que atraiu dezenas de milhares de candidatos. Ao perceber que muitos funcionários da Amazon se candidataram ao programa, mas hesitavam em fazer a transição para seu próprio empreendimento, o líder da empresa mostrou mais uma vez ser arrojado e decidiu dar um incentivo para eles assumirem este risco. Aparentemente, dar às pessoas um incentivo financeiro para sair parece um mau negócio, mas na verdade é um ótimo exemplo de sacrifício a curto prazo para vencer a longo prazo, outra decisão estratégica brilhante de Bezos. E posso citar boas razões para isso.

Primeiro, o jogo é divertido porque você escolheu participar dele. Uma boa parte do prazer de desenvolver alguma atividade está em você ter autonomia, ou seja, decidir se quer fazer parte ou não de um projeto e quando vai querer sair dele. Quando a atividade se torna uma obrigação, qualquer que seja ela, naturalmente boa parte da motivação interna vai embora e só restam as razões externas, como dinheiro ou premiações. E isto tem muitos impactos nos resultados das empresas.

Um problema que muitos empreendimentos enfrentam é justamente quando os funcionários decidem que querem parar, mas, em vez disso, permanecem por meses, ou mesmo anos, simplesmente porque não querem procurar novos empregos ou estão com medo de correr riscos. Empregados com esse perfil podem ser mais prejudiciais do que aqueles que desistem abruptamente, pois se tornam mais desprendidos e insatisfeitos. E muitas vezes podem espalhar essa atitude para seus colegas.

Embora muitos dos funcionários que solicitaram se tornar "Parceiro de Serviço de Entrega" estivessem certamente envolvidos na Amazon, é razoável esperar o aumento do desejo de iniciar seu próprio negócio com o tempo. Ao oferecer esse incentivo, Bezos forneceu aos funcionários uma oportunidade de sair em boas condições, em vez de ficarem insatisfeitos e improdutivos mais tarde.

O fato é que começar um negócio é arriscado e desistir de um trabalho estável é ainda mais. Por isso, a forma como Bezos

mer
ca
do

Quem deseja ter um negócio próprio não deve temer os tempos difíceis. Pelo contrário, é preciso que tal pessoa tenha plena consciência de que, dentro dos ciclos existentes no mercado, sempre haverá altos e baixos.

resolveu este problema mostra sua capacidade estratégica, eliminando o medo e dando uma oportunidade para uma saída amigável.

Evolução do sistema

Outro ponto que torna a iniciativa da Amazon digna de elogios é que bons funcionários podem se tornar empresários ainda melhores. Me recordo que, no início da minha carreira, quando ainda trabalhava na cafeteria com minha mãe, fiquei em dúvida se deveria tentar minhas próprias ideias ou assumir um cargo estável. Nesse momento ela me disse que eu estava me tornando incapaz de ser uma funcionária.

Muitas pessoas são mais adequadas para construir seu próprio negócio do que para serem empregadas dos outros. Habilidades como pensar fora da caixa, insubordinação ao *status quo* e aos modelos tradicionais, além do desejo de criar um novo caminho, são vitais para o empreendedorismo. Contudo, dependendo do cargo, podem ser prejudiciais para um funcionário de uma empresa tradicional, por exemplo.

Muitos empreendedores passaram anos entediados com o trabalho nos escritórios, ou pulando de emprego em emprego simplesmente por não conseguirem se encaixar. Bezos sabe tão bem quanto qualquer um que as pessoas que querem começar seus próprios negócios provavelmente irão fazê-lo em algum momento. Se alguns funcionários podem ter um melhor desempenho no comando de seu próprio negócio, e podem criar uma empresa com chances de ser uma parceira valiosa para a Amazon, é estratégico dar a essas pessoas as ferramentas necessárias para isso.

Por fim, e mais importante, a decisão demonstra alinhamento com a visão de longo prazo da Amazon. Bezos não mostrou simplesmente uma forma inovadora de gerenciar talentos, mas de foco estratégico. A Amazon criou a "Parceiros de Serviço de Entrega" como parte de uma meta de longo prazo para se tornar menos dependente de empresas como FedEx e UPS.

empreenda com visão de crescimento **161**

Com isso, a companhia sob o comando de Bezos está buscando um futuro no qual várias empresas de entrega ofereçam opções nos Estados Unidos para a Amazon enviar seus produtos, levando a melhores preços e serviços. Ao encorajar os funcionários que iniciem suas empresas de entrega, a Amazon está investindo nos exatos parceiros de que precisa – e construindo uma rede mutuamente benéfica a partir do zero.

Bezos e sua equipe reconhecem que atingir uma meta de longo prazo requer comprometimento total e incentivo a ações que levem a tal, mesmo que isso signifique, de algum modo, se sacrificar no curto prazo. O CEO está apostando que gastar dinheiro agora para construir uma rede de parceiros valerá a pena exponencialmente no futuro.

Dado o histórico da Amazon, é provavelmente uma aposta inteligente, pois a empresa sempre valorizou três princípios fundamentais: valor para o cliente, velocidade de entrega e preço abaixo do mercado. Esse incentivo é uma oportunidade para avançar em todos os três aspectos com um tacada só. Funcionários insatisfeitos seguem em frente, os clientes obtêm seus pacotes mais rapidamente e a Amazon vai economizar custos por depender menos das concorrentes, ajudando a manter os preços competitivos como resultado. Bezos, com sua aposta, deu uma aula de como ser um empreendedor missionário.

Tamanho do mercado

O exemplo da Amazon mostra como Bezos tem conhecimento e domínio absoluto de sua área de atuação, algo que não poderia faltar a um líder de verdade, além de uma visão de longo prazo, uma das características dos empreendedores missionários. No entanto, muitas pessoas que pretendem ter um negócio próprio, ou que estão iniciando, podem não saber por onde começar. Afinal, como atender às expectativas dos clientes? Até mesmo quem já empreende, mas quer remodelar seu negócio, naturalmente pode estar inseguro neste campo.

Por isso, volto a alguns pontos no conceito de pitch, que traz o resumo do empreendimento, abordado no **Capítulo 6**.

A primeira pergunta, além de uma das mais fundamentais de qualquer plano de negócio, seja qual for a área de atuação, é: **qual problema você resolve?** Para chegar à resposta, o empreendedor terá de descobrir alguns pontos essenciais como: **qual é o seu mercado**, **quem é afetado** e **quão profundo é o problema**.

Compreender a fundo isso tem uma relação direta com a razão de ser do seu negócio, que é: **qual a solução para o problema?** Aqui, quando buscar a solução, o empreendedor terá de ter bem claro **o que é o seu produto ou serviço**, **como ele funciona** e, assim, também saber **qual é o foco da empresa**.

A conclusão é que, para conseguir as respostas para o problema e sua solução, o empreendedor deve entender que terá um grande e detalhado trabalho de pesquisa, a fim de levantar cada um desses pontos. Tal estudo é vital para que ele consiga chegar a outro tópico fundamental para qualquer negócio: **como você vai ganhar dinheiro?**

O que coloquei acima pode parecer óbvio, não é? Afinal, parece claro que quem deseja ter um negócio precisa saber qual problema vai resolver, qual solução utilizará para isso e como vai ganhar dinheiro ao fazê-lo. Pois posso afirmar, com base na minha extensa experiência como investidora-anjo, que, do ponto de vista técnico, um dos principais erros cometidos pelos empreendedores que buscam recursos é justamente não saber tudo isso. O que fica muito claro em inúmeros pitches apresentados para mim ou para meus sócios.

Tamanho do mercado × nicho

É muito recorrente que as pessoas em busca de investimento façam uma terrível mistura de termos como tamanho do mercado com o nicho em que eles desejam atuar e o tamanho total de mercado. Daí a importância de conhecer bem alguns conceitos. Estou falando aqui de

empreenda com visão de crescimento

TAM (*total available market*, na sigla em inglês, ou mercado total, em sua tradução), SAM (*serviceable available market* ou mercado endereçável) e SOM (*serviceable obtainable market*, ou mercado acessível). As três siglas representam os diferentes subconjuntos de um mercado. Por meio delas, os empreendedores conseguem prever a demanda que terão por seus produtos ou serviços, projetando as vendas e o crescimento.

O mercado total (TAM) representa quantas pessoas podem realmente usar seu produto ou serviço, dentro do enorme potencial existente em um mercado. Além disso, com o número do TAM você saberá quanto dessa utilização pode significar sob o ponto de vista financeiro. Mas como fazer? Bem, para chegar ao TAM, devem-se combinar as receitas ou vendas unitárias de todas as empresas de um mercado específico.

Imagine um determinado mercado onde são vendidos 100 milhões de *smartphones* por ano a cerca de 1.000 reais cada. Nesse caso, o TAM seria 100 bilhões de reais. O mercado de *smartphones*, no entanto, é gigantesco, atingindo patamares muito maiores do que aqueles que o empreendedor conseguiria alcançar, mesmo com muito planejamento. *Smartphones* podem ser novos, usados, de modelos variados, para perfis diferentes e pertencentes a gerações diferentes, fazendo com que a conta só aumente. Assim, com um mercado tão abrangente, não faria sentido para o empreendedor utilizar todos esses números na análise, pois o mercado potencial seria muito maior do que ele poderia atingir.

Daí, chegamos ao SAM, que corresponde ao mercado endereçável e diz respeito a uma parte do TAM, com a diferença de que representa uma fatia que o empreendedor realmente conseguirá atingir nos próximos anos. Para encontrar o SAM, é preciso analisar pontos fundamentais como regionalidade, crescimento do mercado geral e especificidade do serviço ou produto que oferece. Se continuarmos com o exemplo do *smartphone* e se esse empreendedor escolher trabalhar apenas com tecnologia de última geração, esse SAM pode representar 15% do valor total de TAM, pois representa apenas uma pequena quantidade de clientes buscando modelos nessa linha. O valor encontrado, então, seria de 15 bilhões de reais.

Por fim, chegamos ao SOM, o mercado acessível. Nessa modalidade temos a variação realista do que é realmente possível atingir do mercado endereçável, analisando distribuição, canais de venda, concorrência, localidade e outras possíveis influências do mercado em questão. É claro que um ponto fundamental é contemplar esses dados com embasamento na estratégia própria desenvolvida e com análises de como você atingirá esse nicho.

Temos, portanto, que TAM, SAM e SOM são basicamente conceitos para que você entenda o mercado com o qual trabalha e trace estratégias de crescimento de acordo com as oportunidades que enxergar. Existirão obstáculos, não há como negar. Contudo, é preciso traçar planos estratégicos para que você consiga dimensionar melhor o seu crescimento e desenvolvimento.

E como você traçará esses planos? Estudando muito bem o seu nicho, pois somente com muita pesquisa será possível conhecer em profundidade todos os dados que importam na hora de empreender. Não se esqueça de que o sucesso ou o fracasso do negócio provavelmente terá relação direta com a forma como todo esse trabalho de planejamento será realizado. Assim, mostre no pitch que você identificou um problema no mercado. De maneira breve, detalhe o problema que você conseguiu identificar. Demonstre que você conseguiu as respostas para as questões: **qual é o mercado?**, **quem é o público impactado?** e **quão profundo é o problema?** Vá além e destaque como seu empreendimento tem potencial para resolver essa dor de forma eficaz e ainda dar retorno financeiro. Detalhe se a solução que você oferece para essa dor é realmente relevante e como isso se transformaria em dinheiro.

empreenda com visão de crescimento

Futuro breve

Muitos empreendedores têm dificuldade em apresentar suas estratégias de ampliação ou o caminho que vão percorrer para crescer pelos próximos cinco anos, por exemplo.

Não quero dizer, claro, que quem deseja montar um negócio precisa ter 100% das respostas desse trajeto. Mas, obrigatoriamente, ele precisa ter consigo ao menos os indicadores principais, assim como algumas funcionalidades, etapas e estratégias do negócio, pois isso significa que ele sabe para onde a indústria e o mercado dele está crescendo. E tudo isso, sim, planejado pelos próximos cinco anos, o que para um empreendimento é relativamente pouco tempo.

Vamos para a ação!

Neste ponto, quero sugerir que você faça um exercício que chamo de Planejamento A, B, Z. Conforme a ilustração a seguir, são três estágios para o estabelecimento de metas.

O objetivo é assegurar a perenidade do negócio. Se os planos A e B não funcionarem, você trabalhará até o cenário Z para garantir sua sustentabilidade financeira.

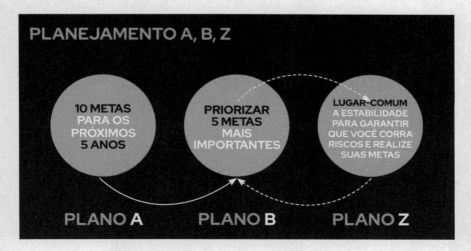

Capítulo 10
Não pule etapas

7
não pule etapas

Até aqui, já falamos sobre a importância de o empreendedor buscar a especialização contínua, pensar fora da caixa, montar uma equipe e capacitá-la, entre muitos outros pontos. Agora quero tratar da relevância do planejamento para o seu negócio. Imagine que você vai fazer uma viagem curta, com duração de quatro ou cinco dias. Em uma situação como essa, com certeza bem antes de fechar as malas você deverá ter checado as previsões da meteorologia, a fim de ter alguma ideia sobre o clima no local de destino: se requer roupas adequadas para frio ou calor. Afinal, você não vai querer ir despreparado.

Se para passar apenas alguns dias longe de casa nós tomamos diversos cuidados, o que dizer das atenções necessárias no momento em que o empreendedor prepara a entrada do seu negócio no mercado? Não faltam casos, porém, de pessoas que erram nessa ocasião tão crucial da vida das empresas. Seja por simplesmente ignorar as etapas fundamentais para tirar do papel um produto ou serviço, seja por querer "ganhar tempo" e atropelar alguma fase vital para o sucesso da empreitada.

A última coisa que o empreendedor deseja, no entanto, é desperdiçar tempo e recursos trazendo um produto ou serviço ao mercado onde ou quando ele for desnecessário. Para evitar isso, é importante elaborar um trajeto planejado com cuidado. Sem um excelente planejamento, é impossível saber se você está perseguindo o público errado, se seu produto ou serviço está muito adiantado ou atrasado para os potenciais clientes ou, até mesmo, se o mercado já está saturado demais com soluções semelhantes.

A fim de encontrar respostas para questões tão importantes, o empreendedor precisa definir suas estratégias para entrada no mercado, ou de *go-to-market* (GTM), como também é conhecido o conceito em inglês. Uma estratégia de entrada no mercado é um plano tático que detalha como uma empresa planeja executar um lançamento e promoção bem-sucedida de seu produto ou serviço e, finalmente, sua venda aos clientes.

As empresas podem usar uma estratégia de entrada no mercado para uma variedade de situações, incluindo o lançamento de novos produtos ou serviços, a introdução de um produto atual em um novo mercado e até o relançamento da empresa ou marca. A estratégia ajudará a empresa a esclarecer por que está lançando o produto, entender o que é o produto e criar um plano para se envolver com o cliente e convencê-lo a comprar o produto ou serviço.

Uma vez que cada produto e mercado são diferentes, cada estratégia deve ser completamente pensada, o que inclui o mapeamento de um problema de mercado e solução que o produto ou serviço oferece. Fazer isso é fundamental. Nenhum empreendedor pode ficar apenas na teoria ou nas suposições baseadas em achismo. Convenhamos, os riscos de quem faz isso podem ser bem mais graves do que viajar para uma montanha nevada levando somente uma mala repleta de roupas de praia.

As etapas para chegar às respostas incluem:

» **Prototipar;**
» **Validar;**

não pule etapas

- » **Testar;**
- » **Confirmar;**
- » **Estabelecer o potencial de crescimento.**

Criar um protótipo é o mesmo que produzir um modelo do seu produto ou serviço final com intuito de analisar se é viável, praticável ou até mesmo desejável. Nessa etapa estamos tangibilizando o que gostaríamos de oferecer para que o cliente final possa ver e contribuir com melhorias, construindo algo simples, de fácil verificação e análise, para que possa ser estudado. Pode ser um desenho, uma maquete, um esquema em uma cartolina – isso não importa! O mais importante é que as informações finais estejam ali para que você receba os feedbacks e sugestões de melhoria.

A criação de protótipos é parte integrante da experiência do usuário porque permite testar ideias rapidamente e aprimorá-las de maneira igualmente oportuna. No entanto, não faltam empreendedores que ignoram a importância dessa etapa. Com isso, a história se repete por incontáveis vezes: ideias são executadas por pessoas com obsessão por deixarem sua marca no mercado, promoverem grandes mudanças na sociedade ou reinventarem a roda.

No final da jornada, no entanto, tudo isso resulta em desperdício de tempo e de recursos, quando as pessoas percebem que se concentraram no alvo errado. Portanto, antes de gastar dinheiro, o empreendedor deve validar o próprio negócio ou produto. A palavra de ordem é testar, testar e testar. De nada adianta começar a vender no início da operação, mas isso não se sustentar logo adiante.

Atualmente existem inúmeros recursos para atrair clientes, seja por meio de *adwords* e uma série de links patrocinados ou utilizando marketing de influência e trabalhando com influenciadores digitais. Já cheguei a fazer uma validação com meus seguidores do Instagram de um café coado em sachê, um produto de uma das minhas unidades de negócio. Validar significa testar o seu produto antes de sair gastando.

Pela minha experiência, mais de 80% das grandes startups do mundo utilizam a técnica de *customer development*, desenvolvida por Steve Blank. Ou seja, antes de mais nada, você precisa saber o que o seu cliente quer. E como fazer isso? Um fator importante na concepção e no desenvolvimento de qualquer produto ou serviço é a etapa de "ir para a rua". Afinal, é lá que está o seu público. É estando perto dele, ouvindo-o e observando-o que você conseguirá entender os rumos do que está criando.

Não dá para ter a percepção necessária estando dentro de uma sala de escritório. Quando fiz um curso com Blank, na Universidade Stanford, ele sugeriu que seria interessante entrevistar ao menos cinquenta ou sessenta pessoas para entender melhor aquela oportunidade, a dor do cliente e, então, validar a ideia. A entrevista, no entanto, não consiste em fazer perguntas fechadas, do tipo que possam ser respondidas com um simples "sim" ou "não". Em vez disso, ele explica que deve ser promovido um bate-papo, sempre em caráter de aprendizado, com contatos de 1º, 2º e 3º graus.

Obviamente, são seus clientes que compram do seu negócio. Conhecer do que eles gostam, quanto gastam e do que precisam proporcionará uma melhor compreensão do que eles querem de você, permitindo que transforme o produto em algo que será vendido para o seu mercado-alvo.

Ao longo de sua jornada desenvolvendo negócios, produtos ou serviços, pergunte ao seu cliente o que ele pensa em cada estágio. Você deve ser guiado pelo que ele vai comprar, não pelo que você acha que ele vai querer. Você precisa provar que suas suposições básicas estão corretas.

Nos capítulos anteriores, você desenhou ou reavaliou o seu plano de negócios, determinou os recursos financeiros necessários para a sustentabilidade do seu projeto, analisou o time e o tamanho do mercado. Agora, está prestes a colocar tudo para rodar, enfrentando aquele que realmente tem, as respostas: o mercado! A estratégia para entrada no mercado tem, entre seus objetivos:

não pule etapas

> » Gerar *leads* (potenciais consumidores) e convertê-los em clientes;
> » Em novos mercados, ampliar a participação, o envolvimento do cliente, além de superar a concorrência;
> » Proteger a participação de mercado atual contra concorrentes;
> » Reforçar o posicionamento da marca;
> » Reduzir custos e otimizar lucros.

Para cumprir esses objetivos, a criação de uma estratégia de entrada de mercado precisa:

> » **IDENTIFICAR PERSONAS DO COMPRADOR:** Esse é o primeiro passo para elaborar uma estratégia para entrada de mercado. O processo inclui a identificação dos mercados-alvo, bem como a base de clientes. Além disso, é necessário entender de como alcançar os clientes-alvo e como usar as informações coletadas para atingir metas a longo prazo.

> » **CRIAR UMA MATRIZ DE VALOR:** A matriz mapeia o produto ou serviço entre as necessidades da empresa e define os critérios para avaliar o sucesso da oferta. Também é usada para comunicar o objetivo do produto ou serviço a todas as partes interessadas, incluindo a necessidade específica do cliente que está sendo atendida por cada processo.

> » **DEFINIR A ESTRATÉGIA DE MARKETING:** A organização deve determinar o local de seu produto ou serviço no mercado e estabelecer um plano para aumentar a conscientização do produto no mercado-alvo. Essa etapa pode incluir teste de diferentes métodos de publicidade para o público-alvo em várias plataformas de marketing. Em geral, a estratégia deve incluir *branding*, geração de *leads*, conteúdo adicional e um site de marketing.

> » **COMPREENDER A JORNADA DO CONSUMIDOR:** Após definir a estratégia de marketing, é preciso entender a jornada do consumidor, processo pelo qual cada cliente passa até comprar o produto ou serviço. A jornada consiste nos estágios de conscientização,

consideração e decisão. A empresa deve identificar as possíveis jornadas realizadas durante o processo de compra, tanto da perspectiva da organização quanto do cliente.

» **ESPECIFICAR A ESTRATÉGIA DE VENDAS:** Essa etapa traduz-se em criar um plano que introduza o produto ou serviço no mercado. Inclui treinar a equipe de vendas, disponibilizar ferramentas e recursos aos vendedores, bem como a captação de clientes.

» **SINCRONIZAR VENDAS E SUPORTE:** As organizações devem alinhar suas equipes de vendas e suporte para determinar como a assistência será fornecida aos clientes. Entre os pontos a serem observados estão a identificação das ferramentas necessárias para criar e gerenciar relacionamentos com clientes, os processos de integração e suporte envolvidos para ajudar os usuários a entender como usar o produto ou serviço e estratégias de retenção e fidelização de clientes.

» **ENTENDER ONDE O PRODUTO SE ENCAIXA:** Deve-se determinar a prioridade assumida pelo produto ou serviço específico sobre os demais da empresa. Identificar como o produto se encaixa no roteiro geral envolve entender a prioridade da equipe de desenvolvimento, abordar como o feedback do mercado será tratado e identificar como as partes interessadas serão notificadas da progressão do projeto.

» **DETERMINAR MÉTRICAS:** A organização deve identificar o objetivo principal do produto ou serviço e definir como seu sucesso será medido. As métricas usadas para medir os resultados devem ser significativas, mensuráveis, motivacionais e fáceis de rastrear.

» **VERIFICAR NECESSIDADES CONTÍNUAS:** A empresa deve identificar as necessidades contínuas de orçamento e recursos que continuarão após o produto ou serviço entrar no mercado. Isso inclui tempo e dinheiro gastos na manutenção do produto ou serviço.

A palavra de ordem é testar, testar e testar. De nada adianta começar a vender no início da operação, mas isso não se sustentar logo adiante.

Erro fatal

Sempre bato na tecla de que o empreendedor deve saber quais são os problemas das pessoas cujo produto vai resolver. Trata-se de algo que precisa ser validado. Esse processo é fundamental porque é por meio dele que você terá clareza da demanda que efetivamente existe para seu produto.

O estudo da CB Insights que mencionei no **Capítulo 8** comprova a importância dessa etapa e deixa bem claro qual é a consequência ao falharmos em realizar essa análise: 42% das 101 startups do levantamento "morreram" por não terem resolvido um problema real do seu público. Esse foi o principal motivo, segundo a pesquisa, para o fracasso dessas empresas.

Como fica claro, à medida que o empreendedor monta sua estratégia para entrada no mercado, em primeiro lugar deve analisar profundamente aquilo que o levou a criar o produto. Como saber o que seus usuários querem e do que precisam? A ideia foi testada e validada por pessoas reais? Estas são algumas perguntas obrigatórias para quem almeja colocar um produto ou serviço no mercado.

Em especial, costumo dizer que este trabalho é primordial no Brasil, que por vezes parece com a fantástica fábrica de ideias inovadoras que nunca saem do papel. Diariamente recebo dezenas de e-mails de pessoas que afirmam ter um negócio brilhante em mente, algo com potencial de revolucionar o mercado e render milhões. Buscam uma investidora, querem propor sociedade. No entanto, não fizeram a lição de casa.

O fator emocional

De maneira geral, as pessoas gostam de ser tocadas do ponto de vista emocional. Determinados sentimentos nos motivam a

não pule etapas

agir e perceber o significado das coisas. Esse cenário também não foge à regra para as empresas. No mundo em que diversas marcas disputam a atenção e a fidelidade dos clientes com qualidades e preços similares, fica cada vez mais difícil atraí-los com direcionamentos e campanhas rasas, incapazes de transmitir valor ou emoção.

Por essa razão, companhias conceituadas e até mesmo algumas startups estão buscando formas de utilizar conexões emocionais como uma ciência exata e até mesmo torná-las parte de seu planejamento estratégico. No entanto, ao observar o mercado de modo geral verificamos que a construção dessas conexões ainda são falhas, já que normalmente as ideias são feitas a partir de adivinhação do que propriamente de processos científicos.

Isso acontece porque a identificação e a medição de motivadores emocionais são complexas. Como uma considerável parcela das pessoas não consegue compreender exatamente seus reais sentimentos, é provável também que, em muitos casos, a razão apontada para a escolha de uma marca seja diferente do sentimento real em relação a ela.

Além do mais, conexões emocionais com produtos não são uniformes, muito menos constantes. Variam de acordo com a indústria, marca, ponto de contato/venda e até do status social que lhe é proporcionado. O ponto de partida de qualquer marca que deseja alcançar um novo patamar emocional é contar a sua história. Se ela for boa, sem dúvida o consumidor vai gostar e, a partir disso, ter um relacionamento mais próximo e verdadeiro.

Obviamente, algumas marcas por natureza têm um tempo mais curto para atingir tais níveis de conexões. De qualquer forma, vale ressaltar que as companhias não necessitam nascem com o DNA emocional da Disney ou da Apple para trilhar um caminho de sucesso. Costumo dar algumas dicas para estabelecer uma conexão emocional com seu público:

- » **CONHEÇA SEU CLIENTE:** Alcançar o coração do consumidor não somente gera resultados no número de vendas e aumento de faturamento, como também possibilita uma maior fidelidade e engajamento. Qualquer empresa que deseja se diferenciar precisa conhecer profundamente seu cliente.
- » **TRANSMITA SEUS VALORES:** A internet facilita a identificação dos valores dos clientes e, a partir deles, deve-se oferecer um conteúdo condizente com seus ideais. Uma loja que vende, por exemplo, sapatos femininos, pode entender quais valores suas compradoras levam em consideração. São vaidosas e buscam itens que tenham beleza e refinamento? Ou mais discretas, preferindo algo mais elegante? Para cada público deve ser desenvolvido um conteúdo diferente, para ligar a empresa de forma emocional ao perfil do cliente.
- » **INCENTIVE A COLABORAÇÃO:** Marcas veneradas não devem ser consideradas propriedades de seus donos, mas daqueles que as amam. As pessoas comercializam espontaneamente as coisas que amam, seja escrevendo positivamente ou criando grupos em torno da empresa nas mídias sociais. Elas sentem necessidade de opinar e participar ativamente das ações da marca. Permitir que elas colaborem é essencial para atingir o objetivo.
- » **MOSTRE QUALIDADE:** Para estabelecer uma relação emocional de sucesso com seus clientes, deve-se oferecer o melhor serviço e experiência possível. Exceder as expectativas é a melhor forma de fazer com que as pessoas criem "burburinhos" a respeito da sua marca! Certas companhias focam no curto prazo. No entanto, marcas que criam conexões emocionais não buscam o lucro do trimestre, mas de uma década. Mesmo um produto de limpeza ou um alimento enlatado pode estabelecer conexões poderosas. Basta trabalhar a questão com seriedade.

Embora possa parecer óbvio que um produto só terá sucesso se as pessoas precisarem dele, nem sempre é simples determinar essa demanda.

Vamos para a ação!

Quero apresenta-lo à Tríade do Sucesso. Você fará o seguinte mapeamento:

1. Defina os seus objetivos pessoais e profissionais para o período de um ano.
2. Identifique os recursos necessários para alcançar os objetivos.
   INTANGÍVEIS: conhecimentos, habilidades, experiência.
   TANGÍVEIS: o que é físico. Finanças, equipamentos.
3. Identifique como os seus objetivos são reconhecidos pelo mercado.

Fase 3
Escalabilidade positiva

Capítulo 11
O crescimento do negócio

7

o crescimento do negócio

No universo do empreendedorismo devemos considerar que, quanto mais escalável for o negócio, mais investimentos ele poderá atrair. E é por isso que a escalabilidade deve estar sempre entre as suas prioridades. No programa *Shark Tank*, por exemplo, esse quesito obviamente também é um tema de primeira grandeza para avaliarmos os negócios apresentados pelos empreendedores. Registro o que alguns dos meus colegas "tubarões" pensam sobre o assunto e sua relevância na hora de decidirem por investir em um empreendimento.[67]

João Appolinário, fundador da Polishop, avalia:

> É importante analisar o produto, se é escalável e se o empreendedor é capaz de tocar o negócio. Muitas vezes, a pessoa se esquece de colocar outros custos e impostos. Também levo em conta sobre o que a pessoa está falando e como ela está falando.

---

67 BABADOBULOS, T. Shark Tank: investidores apontam maiores erros de empreendedores. **Veja**, São Paulo, 05 ago. 2018. Disponível em: https://veja.abril.com.br/economia/shark-tank-investidores-apontam-maiores-erros-de-empreendedores/. Acesso em: 07 fev. 2021.

Já Robinson Shiba, fundador e presidente da China in Box e do Gendai, afirma que, entre outros pontos, sempre procura pelo "brilho nos olhos" durante os pitches apresentados no programa. "Se o empreendedor se emocionar, tem muito comprometimento. E, obviamente, invisto naquelas empresas em que consigo ver escalabilidade, ou seja, quando consigo escalar em franquias", conta Shiba.

Mas afinal, por que escalar é tão importante? Bom, vamos voltar uma casa no tabuleiro e entender melhor o conceito. Escalabilidade é a capacidade que uma empresa tem de crescer atendendo às demandas sem perder as qualidades que lhe agregam valor. Para que ocorra a escalabilidade é necessário que o faturamento aumente em uma proporção maior do que a dos custos.

Quando pensamos em um negócio escalável, temos um empreendimento que consegue manter o nível e a qualidade da entrega enquanto a sua demanda e produção crescem. Ou seja, é um negócio que pode ser expandido – de preferência, exponencialmente – sem comprometer o seu funcionamento.

Um dos indicadores de longevidade do seu negócio é entender se ele é escalável ou não. Para isso, o modelo do empreendimento deve apresentar as seguintes características:[68]

> **SER ENSINÁVEL:** Se você consegue ensinar todo o seu processo a qualquer colaborador, esse é um bom indício de que a escalabilidade cabe no planejamento. Um exemplo prático: sua demanda aumentou e você precisa contratar novos colaboradores para conseguir manter todos os prazos estabelecidos; se o processo de produção da sua empresa é ensinável, isso significa que, dentro de poucos meses, essas novas contratações já dominarão suas funções e sua produtividade aumentará rapidamente.

> **SER VALIOSO:** A soma entre oportunidade e especialização é o que define se seu negócio é valioso ou não. Ao oferecer um

---

68 QUÃO longe sua ideia pode ir? Descubra avaliando a escalabilidade dela. *In*: Endeavor. Disponível em: https://endeavor.org.br/estrategia-e-gestao/escalabilidade/. Acesso em: 07 fev. 2021.

o crescimento do negócio

conhecimento único ao mercado, você se diferencia dos concorrentes e agrega mais valor ao seu produto, serviço e até mesmo processo de produção.

» **SER REPLICÁVEL:** Um bom indicador de escalabilidade é se o seu processo consegue ser reproduzido constantemente e, ainda sim, gerar receita. Você pode criar novas áreas, expandir para outras regiões e crescer utilizando o mesmo modelo operacional, que, neste caso, se mostra afinado e com alta demanda.

E por qual motivo é importante se atentar a essas características? Além da escalabilidade de um negócio ser um dos critérios mais analisados por investidores, esse indicador demonstra se seu empreendimento tem ou não potencial de crescer e, consequentemente, obter receitas capazes de gerar retorno para o valor previamente investido no início da sua operação – fato que também explica o interesse por parte de fundos de investimento, investidores-anjo e outros atores do mercado nessa característica. Se um negócio apresenta escalabilidade, o risco e a incerteza de resultado positivo diminuem.

Cresça (com estratégia) e apareça

Após essa breve introdução sobre a importância da escalabilidade, reflita: de alguns anos para cá a palavra *growth* (crescimento) tem integrado cada vez mais o vocabulário e a vida dos empreendedores mundo afora, certo? Isso porque a necessidade de crescer sempre esteve (e sempre vai estar) presente no mundo dos negócios.

Muito embora seja fantástica a ideia de as empresas estarem se preocupando com o crescimento e o levando a sério, é importante que os empreendedores mantenham os olhos não apenas nas suas escolhas e ações, mas também em suas consequências e seus desdobramentos para que possam, de fato, construir empresas sólidas e redes sustentáveis. Não se pode criar atalhos para os padrões de crescimento de longo prazo. Antes é preciso descobrir se a sua empresa tem foco definido, estrutura e, principalmente, um propósito para cumprir no mercado e na sociedade.

O crescimento instantâneo sempre representou valorização considerável para os investidores. No entanto, podemos notar que no mercado a expressão *"growth or die"* se refere muito mais à figura do investidor do que à do empreendedor. Mais valorização e consequentemente mais retorno para investidores, porém, não significa obrigatoriamente benefícios para os empreendedores.

Existem negócios que têm por principal característica o desenvolvimento por etapas, ou seja, eles podem demorar um pouco a entrar na chamada "curva de adoção", momento no qual o mercado percebe o problema que seu produto ou serviço está solucionando. Isso pode fazer com que o investidor fique nervoso e decida aumentar sua pressão sobre o empreendedor, que por vezes caminha na direção errada para atender logo quem colocou dinheiro.

E a partir daí, nesse contexto, as chances de cometer erros ao "forçar" um crescimento precoce e desestruturado se ampliam consideravelmente. O ideal é que o tempo e a maturidade de cada negócio sejam respeitados para que a ansiedade e a vontade de fazer com que o tudo aconteça de forma rápida não comprometam o próprio futuro.

Antes de crescer é preciso conhecer e avaliar todos os lados e possibilidades. Além de ser uma tarefa naturalmente difícil, crescer significa ruptura e recomeço: entenda também como sinônimo de mudança. Para encarar tudo isso, você e seu negócio precisam estar preparados. Em outras palavras, pode ser bom ou ruim.

Quando não existe gestão ou planejamento adequados, sem a devida estruturação (física e humana), a qualidade dos seus

o crescimento do negócio

produtos ou serviços pode ficar comprometida, assim como o controle financeiro, o fluxo de caixa e a capacidade de atendimento. Ao colocar a empresa em um outro patamar de competição, mais agressivo, vai encontrar concorrentes com mais estrutura financeira, marcas mais sólidas e mercado mais estabelecido.

Em síntese, a reflexão que proponho aqui é:

» **Caso seu negócio cresça muito, você tem condições de administrar o que ele vai se tornar?**
» **Se você não estiver financeiramente preparado para um crescimento acima da média, como lidará com os desafios de caixa?**
» **Como lidaria com um igual crescimento na sua inadimplência?**

É preciso considerar que *growth* requer mais gente, processos, dinheiro, controles, enfim, mais tudo. Se você está passando por esse momento, algumas perguntas importantes devem ser feitas antes de buscar um desafio de crescimento. Então, vamos a elas:

» **Por que você precisa crescer?**
» **Caso precise realmente, de quanto estamos falando?**
» **Você tem as pessoas de que precisa para isso?**
» **Seus controles estão prontos?**
» **Seus processos estão prontos para este próximo passo?**

Se você não teve condições de responder a todas as questões ou mesmo se teve dificuldades, isso é um sinal de que talvez nem tudo esteja tão claro como deveria e que crescer neste momento poderá ser um passo fatal para seu negócio. Perceba ainda que nem sempre investir em crescimento desenfreado pode ser a melhor solução. Meu conselho é que você se concentre em melhorar, sempre. Neste sentido, o próprio *growth* em si se tornará uma consequência quase que natural e mais assertiva.

"Netflix da moda"

Dentro desse contexto de crescimento, consciência e propósito, tem um *case* de que gosto muito, um negócio que foi criado para ajudar a mudar a cultura do fast fashion e do impulso de fazer compras. Trata-se de um serviço de aluguel de roupas e acessórios, chamado Rent the Runway (RTR), também conhecido no mercado americano como a "Netflix da moda".

Para entender o que é e como funciona, pense em "um armário na nuvem", ou seja, esse é o primeiro serviço de assinatura do mundo da moda que dá às mulheres o acesso a uma infinidade de modelos por uma taxa mensal fixa. A partir de 89 dólares por mês, as assinantes podem alugar peças de vestuário e acessórios e trocá-los por novos itens quantas vezes quiserem, durante o tempo que for.

De forma pioneira, a ideia sem dúvida vai contribuir efetivamente para estimular uma quebra de paradigma do universo feminino, e é justamente essa a questão. Alguns pontos para os quais chamo atenção aqui são: a estrutura adequada para oferecer o serviço, a oferta de um produto que vai ao encontro da resolução de um problema e a visão empreendedora de Jennifer Hyman, CEO da empresa, que tem pautado seus discursos em relação ao negócio sempre ligados a prazer, conforto e solução para as mulheres.

Em um dos seus comunicados,[69] Hyman disse que "seu armário não precisa mais ser um cemitério de compras questionáveis e tendências ruins". Ainda segundo ela, "a RTR fornece a variedade e a qualidade de roupas de que toda mulher precisa, permitindo que ela se divirta com a moda sem o compromisso da compra".

A história por trás da criação da marca,[70] por si só, carrega inúmeras lições. Em 2008, a irmã mais nova de Jennifer se endividou após comprar

---

69 WHY buy when you can rent it? RTR launches unlimited services. **RIS News**. Disponível em: https://risnews.com/why-buy-when-you-can-rent-rtr-launches-unlimited-service. Acesso em: 23 fev. 2021.

70 OUR STORY. *In*: Rent the Runway. [S. l.]. Disponível em: https://www.renttherunway.com/about-us/story?action_type=footer_link. Acesso em: 07 fev. 2021.

o crescimento do negócio

um vestido de alta costura por 2 mil dólares, e tal fato fez com que Jennifer se perguntasse: *Não seria muito mais inteligente se pudéssemos alugar itens de grife em vez de comprá-los?*

Essa ideia ficou circulando em seus pensamentos até que ela decidiu compartilhá-la com sua amiga Jennifer Fliss, e juntas decidiram pesquisar se a indústria da moda concordaria com esse novo modelo de negócio: entraram em contato com Diane von Fürstenberg, uma famosa estilista belga dos anos 1970 e 1980, e marcaram uma conversa. *Afinal*, pensaram, *por que não começar do topo?!*

Na reunião, se apresentaram como as fundadoras da Rent the Runway, saindo da conversa munidas de conselhos importantes da estilista, prontas para validar sua tese de que mulheres alugariam roupas de grife. O resultado? Em novembro de 2009 a RTR era lançada com um propósito claro: entregar o sentimento de empoderamento a todas as mulheres. A inovação que elas propunham foi um sucesso estrondoso e, logo no início de sua operação, o negócio já contava com 100 mil inscritos.

Quando falo em estrutura e amplitude me refiro ao que seu negócio vai oferecer no mercado e como. O serviço da RTR, por exemplo, oferece mais de 350 marcas, com várias opções de tamanho. Para manter a seleção diversificada, os estoques são atualizados uma vez por semana. Além disso, para completar, há ainda um aplicativo do RTR que permite às usuárias combinar as mais variadas peças do estoque e também receber dicas de looks específicos para cada ocasião. Logo temos produto, conveniência/personalização e solução. O único problema para nós, brasileiras, é que o serviço só está disponível nos Estados Unidos por enquanto.

Growth hacking: crescimento, marketing e vendas

Como estamos falando sobre crescimento e sua relação com os negócios, o *growth hacking* não poderia ficar de fora. Apesar de não ser um termo novo, aqui no Brasil só mais recentemente a expressão tem ganhado força e espaço nas empresas, pois nasceu ligado ao universo das startups.

Aliás, Steve Blank, um dos maiores especialistas em empreendedorismo moderno, tem uma definição para startup que deve ser compartilhada. Segundo ele, trata-se de uma organização formada para buscar um modelo de negócios escalável e repetível. Já modelo de negócios, por sua vez, equivale a como sua empresa cria, entrega e captura valor. Ou, em outras palavras, como sua empresa ganha dinheiro. Tudo direto ao ponto.

O termo surgiu em 2010 com Sean Ellis, um empreendedor notável que ajudou diversas startups a alcançarem crescimento recorde. Com a repercussão dos seus feitos, ele se tornou a fonte a que todos no Vale do Silício recorriam para buscar ajuda. De forma quase unânime, todos parecem concordar que se trata de um modo interessante de pensar a escalabilidade de uma startup, e suas técnicas de fato funcionam.

As técnicas e o pensamento utilizado por um *growth hacker* são um pouco diferentes do que os utilizados no marketing tradicional. O foco é: como crescer sua empresa rapidamente usando as diversas técnicas disponíveis. Uma startup tem apenas um objetivo, que é o crescimento, e é por isso que os empreendedores começaram a olhar de outra forma as novas possibilidades advindas do exterior. Não é uma questão de substituição em relação ao marketing conhecido e praticado no Brasil, são apenas focos e estratégias diferentes.

As startups, por exemplo, demandam mais criatividade e pensamento de compartilhamento on-line. Um *growth hacker* busca compreender como o consumidor se comporta on-line e usa esse conhecimento, juntamente com novas ideias e técnicas, para divulgar e impulsionar a venda e o conhecimento sobre o seu produto. Ou seja: o foco está no crescimento.

Já li em vários lugares que *growth hacking* é o marketing para as startups, mas hoje em dia acredito que ele é uma categoria distinta, uma outra maneira de enxergar o crescimento de seu negócio. Não é segredo

mu
dan
ça

Além de ser uma tarefa naturalmente difícil, crescer significa ruptura e recomeço: entenda também como sinônimo de mudança. Para encarar tudo isso, você e seu negócio precisam estar preparados.

para ninguém que o marketing em uma startup deve ser o mais enxuto possível no quesito dinheiro. Se tem uma coisa que um empreendedor sabe fazer (ou precisaria saber) é se virar com pouca grana.

Já o *growth hacker* usa os principais recursos de uma startup como seus aliados, tais como: criatividade, agilidade, conhecimento e experimentação tecnológica. É analítico e busca maneiras para aproveitar a nova realidade on-line de compartilhamento e a facilidade dos produtos digitais como um impulso para seu crescimento. Não demorou para o processo ser cada vez mais adotado por startups no mundo todo.

O fato é que por aqui ainda não se tem um consenso entre os especialistas da área sobre o *growth hacking* ser uma disciplina à parte ou apenas o marketing voltado ao crescimento, nem se essa denominação deve ser dada a um departamento ou equipe de uma empresa ou startup. Mas enfim, eu particularmente não acredito que chegue a ser um novo marketing, mas uma evolução natural voltada para criatividade com estratégia de crescimento e tecnologia.

Além da escalabilidade

Como investidora-anjo, para mim é fundamental que os negócios tenham escalabilidade – e é importante entender como uma empresa pode se replicar. Para fazer isso, no entanto, alguns ingredientes são fundamentais. Sempre que me perguntam: "Quais as principais características você busca em uma startup?", devolvo e questiono: "O que você acha?". A maioria das pessoas pensa que a minha resposta seria uma ideia incrível ou potencial de retorno... Lógico que analiso tais quesitos, mas as pessoas ficam incrédulas quando respondo que é o fator **pessoas**.

De que adianta ter um bom plano de negócios, um empreendimento revolucionário, se não tem uma pessoa que coloque a mão na massa? Acredito, sim, no poder da realização, mas é impossível uma entrega dentro das expectativas de um investidor sem uma execução impecável.

o crescimento do negócio

Um negócio com escalabilidade, que resolva um grande problema para um mercado maior ainda. Essa tríade e equipe envolvida são os principais requisitos. São elementos que funcionam juntos, como peças de uma engrenagem maior.

Tudo em sua hora

Em anos recentes, temos notado uma crescente onda de surgimento de startups ao redor do mundo. Uma série de grandes negócios que começaram pequenos vem inspirando e atraindo investidores com as mais variadas experiências, dinamizando e contribuindo para um aquecimento financeiro do ecossistema de startups.

Se por um lado o aporte de capital, que antes era mais difícil de ser alcançado, atualmente vem aumentando e já oferece a um investidor uma possibilidade de capilarizar seu portfólio de investimentos, por outro, o empreendedor tem a ilusória ideia de facilidade em atraí-lo e tende a acreditar que sua escalabilidade se encontra em obter mais dinheiro.

É exatamente nesse ponto em que se encontra o engano. Cerca de 70% das startups não vão adiante por conta de uma escala prematura, ou seja, elas tentam escalar cedo demais. A conclusão é fruto de uma pesquisa feita com 3.200 startups pela empresa canadense Startup Genome e divulgada pela revista Forbes,[71] em artigo assinado por Nathan Furr, professor de Inovação e Estratégia na escola de negócios global INSEAD, e coautor de *Nail It Then Scale* (em português, algo como *Conquiste, só depois cresça*, sem edição no Brasil).[72]

Digo que compartilho da corrente *nail it then scale*, que prega que o empreendedor deve entender seu mercado, absorver tudo dele e somente depois disso começar a modelar seu negócio para escalar.

---

71 FURR, N. #1 Cause of Startup Death? Premature Scaling. *In*: Forbes. Jersey, 2 set. 2011. Disponível em: https://www.forbes.com/sites/nathanfurr/2011/09/02/1-cause-of-startup--death-premature-scaling/?sh=1069ea11fc92. Acesso em: 07 fev. 2021.

72 FURR, N.; AHLSTROM, P. **Nail It Then Scale**: The Entrepreneur's Guide to Creating and Managing Breakthrough Innovation. Lehi: Nisi Publishing, 2011.

Ou seja, o início da operação não é momento para horizontalizar. É extremamente problemático abrir demais o leque e tentar abraçar o mundo. A busca por abranger todos os assuntos diferentes relacionados ao que você empreende só conseguirá te fazer não atingir nenhum deles. Prefira verticalizar, em outras palavras, crescer dentro de um mesmo segmento de negócios.

Aliás, a escalabilidade precoce também é causadora da morte de inúmeros novos projetos no mundo dos negócios como um todo. Nessa linha, um erro bastante comum é a falta de atenção com o fluxo de caixa. A saída e a entrada de dinheiro do caixa da empresa devem ser analisadas com total cuidado, obedecendo as prioridades e necessidades do negócio. Contratação de pessoal, gastos excessivos com marketing e novas estruturas de escritório são alguns dos gastos mais comuns que o empreendedor realiza antes de buscar o produto/mercado ideal. Portanto, não se trata de tomar as atitudes certas, mas sim de executá-las na ordem certa.

E é essa incessante busca que vira o erro número um do empreendedor na hora de escalar. Aprender bastante com o mercado e direcionar o produto para atender uma necessidade real, mesmo com as limitações do produto mínimo viável de uma startup, deve ser o foco obsessivo na cabeça do gestor do negócio, pois é ele quem vai nortear o crescimento orgânico gerado por meio de uma proposta de valor clara para um grande problema de mercado.

Escalar ou não?

Aliás, a reflexão sobre escalabilidade nos leva a outros questionamentos. Por exemplo, o que é preciso fazer para se construir uma startup ou um negócio com o "espírito" de uma? Costumo dizer que, antes de tudo, é essencial entender se, de fato, você quer uma startup. Pois é necessário criar metodologias ágeis, um pensamento objetivo e focado na produtividade. Tem que ver se você se encaixa

o crescimento do negócio

neste perfil. Eu sempre recomendo que primeiramente se faça o MVP – *Minimum Viable Product*, ou produto viável mínimo, na tradução da língua inglesa –, que o coloque em prática e vá validando com o passar dos anos.

"Certo, Camila, mas o que fazer para ter êxito neste caminho?", você deve estar perguntando. Primeiro de tudo, o empreendedor precisa ter sede de aprendizado, ou seja, aprender com os seus usuários. Aprender principalmente sobre as dores desses usuários. Quando for vender, não venda o produto, venda o problema que ele resolve. Um segundo momento sem dúvida nenhuma é entender qual o tamanho do seu mercado consumidor e se esse mercado tem *Product Market Fit*, ou seja, se o seu produto é adequado ao mercado ideal. E o terceiro ponto é o nível de escalabilidade do seu negócio, o quão escalável ele é.

As recentes notícias nos jornais sobre o surgimento de vários unicórnios no país e o aumento dos investimentos bilionários em startups brasileiras, às vezes, escondem dados alarmantes sobre as dificuldades de se sobreviver em um ecossistema tão nefasto quanto o nosso. É verdade que estamos prosperando em diversos aspectos, mas os desafios ainda existem para a maioria das empresas querendo crescer.

E não é só no Brasil, empresas falham também no Vale do Silício. A startup Gumroad, um *e-commerce* que permite às pessoas venderem produtos diretamente aos consumidores, chegou ao mercado em 2011 e rapidamente arrecadou 8 milhões de dólares, em uma rodada liderada pela Kleiner Perkins Caufield & Byers (KPCB). Em 2015, a startup foi considerada uma das cinquenta empresas mais inovadoras na área de design pelo site especializado em negócios Fast Company. No entanto, somente oito meses depois, o CEO estava demitindo 75% do pessoal para pagar as contas.

No Brasil, segundo o IBGE, cinco anos após serem criadas, pouco mais de 60% das empresas já fecham as portas. A verdade é que fechamos mais empresas do que abrimos. Os motivos são muitos e você já os conhece em relação ao nosso ambiente. Mas o que quero ressaltar aqui é a parte cabível aos empreendedores. O relatório recém-divulgado Brazil Digital Report 2019[73] concluiu que a falta de planejamento e o não entendimento do mercado e do cliente são os principais motivos pelos quais as empresas vêm a fechar.

Diante disso, como amenizar esse cenário? Devemos capacitar mais os nossos empreendedores. Minimizar os riscos é investir em educação empreendedora, como a metodologia *lean startup* (startup enxuta), por exemplo. O primeiro passo para qualquer empreendedor é desenvolver um modelo de negócio com processos bem definidos e baseado em métricas. Isso garantirá uma maior escalabilidade para a empresa. Com isso, provavelmente em pouco tempo a empresa já terá resultados financeiros e humanos.

Outro ponto importante é a gestão de pessoas, que deve acompanhar esse crescimento também. No início de uma startup, as contratações devem ser muito rigorosas, uma vez que os colaboradores precisam se encaixar perfeitamente na cultura da empresa e nas necessidades dos clientes. Melhorias devem ser implementadas sempre. É um processo que nunca para!

Portanto, lembre-se: não existe receita para ser bem-sucedido, mas certamente o desenvolvimento de um modelo de negócio com processos bem definidos e baseado em métricas vai garantir uma escalabilidade mais saudável e atrair investimentos.

Vamos falar de clientes

É muito comum as pessoas me abordarem para dizer que têm uma ideia que pode render um negócio bilionário. Porém, quando peço para elas contarem mais sobre o produto ou serviço, elas dizem: "Ah, não posso

---

73 MCKINSEY & Company. **Brazil Digital Report – 1ª edição**. [S. l.], 191 slides. p. 68. Disponível em: https://www.mckinsey.com/br/~/media/McKinsey/Locations/South%20America/Brazil/Our%20Insights/Brazil%20Digital%20Report/Brazil-Digital-Report-1st-Edition_Portuguese-vAjustado.pdf. Acesso em: 07 fev. 2021.

o crescimento do negócio

falar". E eu retruco: "Ah, então já está errado, pois se quer que eu seja sua sócia...". Daí a pessoa começa a explicar e, em um determinado ponto, me pergunta: "Você acha que vai dar certo?". E eu sempre digo: "Eu não tenho essa resposta... Sabe quem tem essa resposta? O cliente".

É nisso que realmente acredito. Por isso o cliente tem que estar sempre no centro do seu negócio. Cada vez mais. Se isso já era uma realidade antes, nos dias atuais é básico. Como digo: ou você é ponto-com ou é ponto fora. Se antes algumas pessoas tinham medo do digital, agora ele se tornou algo obrigatório. No entanto, muita gente não usa tal conceito, deixa de lado o cliente, não pesquisa sobre os hábitos dele. Cria um negócio, copia de outro lugar e acha que vai dar certo. Mas, me desculpe, não vai.

De cara, já deixo um desafio para você. Entreviste dez clientes seus ou faça perguntas no Instagram para seu público e responda:

» **Quais são as dores que esses clientes têm?**
» **Como o seu negócio pode resolver essas dores (produto atual ou novo produto)?**
» **Quais são os principais canais digitais em que esses clientes estão presentes?**

Considerado o pai da Administração moderna, Peter Drucker (1909-2005) costumava afirmar que "um modelo de negócios deve trazer as respostas sobre quem é o seu cliente, qual valor você pode criar ou adicionar para ele e como fazer isso a custos razoáveis". O modelo de negócios é chave para qualquer empresa. Ele explica como o negócio opera, como gera receita, como busca atingir suas metas, como gera valor para si e para o cliente.

É chamado de modelo de negócios ideal (*Ideal Business Model*) aquele considerado sustentável para sua empresa. É a espinha dorsal do negócio e consegue concentrar, detalhando, os modelos de como criar e entregar valor para os clientes ao mesmo tempo em que garante boas margens para a empresa.

Em linhas gerais, para desenvolver um modelo de negócios ideal é necessário considerar, entre outros aspectos:

» **O valor do produto no mercado, e comparar com os concorrentes;**

» **Encontrar matéria-prima ou serviços de alto valor agregado, aqueles que rendem boas margens de lucro para a empresa ao mesmo tempo que ajudam a manter os custos baixos;**

» **Estruturar bem o financiamento e provisão de capital.**

Não estamos falando de investidores apenas, mas também dos recursos que serão necessários para sustentar o negócio com custos de pessoas, operações, entre outros. Seu plano deve contemplar a seguinte visão: o capital levantado deve ser suficiente para permitir gerir a operação da companhia. E, claro, o modelo canvas deve ser seu aliado não apenas na fase inicial da empresa, mas trazendo também informações importantes para serem seguidas durante o voo, durante a execução da estratégia do empreendimento e também quando for necessário refletir sobre os negócios atuais e futuros.

O CLIENTE IDEAL

A empresa que estiver mais próxima dos seus clientes vencerá. Entender bem seus clientes é um passo fundamental para desenvolver produtos ou serviços pelos quais as pessoas estarão dispostas a pagar. Você precisa se colocar no lugar dos consumidores para verdadeiramente compreender quem eles são. Em linhas gerais, existem algumas premissas para que você compreenda qual é o perfil do cliente ideal – o *Ideal Customer Profile* (ICP).

Veja algumas características do perfil ideal de cliente:

» **Ele tem as maiores dores (gravidade);**

» **Vive esse problema frequentemente (frequência);**

» **Está procurando ativamente uma solução (urgência);**

» **Tem recursos financeiros para pagar pela solução (aderência);**

» **É aquele para o qual o custo de aquisição do cliente (*customer***

o crescimento do negócio

acquisition cost ou CAC)[74] é mais baixo do que o custo de manutenção do cliente (*lifetime value* ou LTV)[75].

É preciso mapear os ICPs (*Ideal Customer Profile*) e pensar no modelo de negócios ideal para seu tipo de empresa.

CAC (custo de aquisição de clientes)

Essa é uma métrica que envolve as áreas de vendas e de marketing (tanto o *inbound* quanto o *outbound*), sendo essencial para definir se suas estratégias de aquisição de novos clientes estão funcionando corretamente, gerando receita e não déficit. Ou seja, o CAC apresenta quanto é preciso investir para transformar consumidores potenciais em compradores, usuários ou assinantes do seu produto ou serviço.

$$CAC = \frac{(custo\ de\ marketing + custo\ de\ vendas)}{clientes\ conquistados}$$

fórmula

O que entra no cálculo do CAC:

MARKETING	VENDAS
› Aquisição ou assinatura de sistema de monitoramento e bancos de dados;	› Aquisição ou assinatura de software de CRM;
› Assessoria de imprensa;	› Catálogos e tabelas de preço;
› Campanhas de marketing;	› Comissão de vendedores;
› Compra de mídia;	› Compra ou aluguel de celulares, tablets ou máquinas de cartão de crédito;
› Freelancers;	› Produção de mostruário;
› Produção de materiais de divulgação de brindes e amostras;	› Salários e bônus da equipe;
› Salários e bônus da equipe;	› Entre outros.
› Entre outros.	

---

74 O CAC é calculado ao se dividirem os custos gastos na aquisição de mais clientes pelo número de clientes conquistados no mesmo período em que o dinheiro foi utilizado. Se em um ano uma empresa gastou 100 reais em marketing e conquistou cem clientes nesse período, seu CAC é 1 real.

75 Métrica que estima o lucro líquido da vida de um cliente dentro da empresa. Ou seja, é quanto dinheiro um cliente vai dar à sua empresa por todo o tempo em que comprar de você. Como medir: LTV = (ticket médio × média de compras por cliente a cada ano) × média de tempo de relacionamento. Exemplo: LTV = 500 (ticket médio) × 12 (número de compras ao ano) × 5 (tempo de duração do contrato). LTV = (500 × 12) × 5 = R$ 30.000.

Exemplo: vamos supor que você implementou um sistema de compra de cerveja por assinatura na sua empresa, focado em vendas on-line.

Você gastou 2 mil reais em marketing + 500 reais com vendas durante um mês e nesse período conquistou 25 clientes.

CAC = (2000 + 500)/25

CAC = R$ 100

Produto certo para seu mercado

Talvez você esteja pensando: *E como vou saber quando meu produto está realmente bom?* Essa é a pergunta que muitos empreendedores se fazem não só no início de seu plano de negócios, mas também durante a jornada empreendedora. O *Product Market Fit*, conhecido pela sigla PMF, é um dos conceitos mais utilizados pelos fundadores de startups – e também pode ser usado para empresas de outros segmentos além do de tecnologia para trazer essa resposta.

Em linhas gerais, esse conceito ilustra que a empresa encontrou um produto com aderência ao mercado que se propõe por alguns motivos: há recompra (os clientes voltam), você consegue ocupar seu espaço entre vários *players* e existe uma evolução no crescimento dos negócios, ou seja, consegue capturar novos compradores.

Quando uma empresa chega a esse estágio, consegue observar também que os clientes conseguem tirar valor do produto. O ciclo de venda está redondo e a empresa consegue se sustentar. Hoje você já consegue responder sim a algumas dessas questões ou ainda caminha em direção ao PMF? Ao começar a desenhar sua estrutura para traçar o Perfil do Cliente Ideal (ICP, em inglês) quais das perguntas abaixo você considera as mais pertinentes?

desen vol ver

Entender bem seus clientes é um passo fundamental para desenvolver produtos ou serviços pelos quais as pessoas estarão dispostas a pagar.

> » Quais suas necessidades atuais sobre o produto/serviço?
>
> » Quais suas maiores dificuldades ao tentar encontrar o produto/serviço?
>
> » Com qual frequência você precisa desse produto/serviço?
>
> » Qual sua prioridade atual na compra do produto/serviço: preço ou qualidade?
>
> » Quanto você pagaria pelo produto/serviço?

Em paralelo, quais as maiores dificuldades da sua empresa em mapear os clientes ideais?

> » Falta de equipe;
>
> » Falta de tempo para validar seus estudos;
>
> » Não saber por onde começar;
>
> » Já concluiu o processo e a estrutura de ICP já está pronta;
>
> » Não é prioridade no momento.

Quem é o seu cliente?

Vamos considerar alguns dados para entender o universo dos investidores e das startups. Vamos considerar, por exemplo, que um investidor coloque 250 mil reais em uma empresa. Em geral, ele pode fazer a chamada saída, que é o retorno do investimento, após cinco ou seis anos, multiplicando em cinco, dez ou até vinte vezes o valor investido. Porém, as estatísticas apontam que, a cada dez startups, oito morrem, uma apenas devolve o valor investido e a última consegue concretizar a saída lucrativa para o investidor.

Logo, o bom investidor é aquele que descobre os bons empreendedores. Já os empreendedores, cada vez mais, precisam observar os hábitos dos consumidores para fazer ajustes nas suas empresas. Por isso, sou enfática: coloque o cliente no centro do seu negócio! Basta observar alguns números para verificar como os empreendedores ainda precisam melhorar nesse aspecto.

o crescimento do negócio

Segundo levantamento do Sebrae,[76] 46% das empresas que haviam quebrado em menos de cinco anos após a abertura não sabiam o perfil do cliente ideal e não elaboraram um planejamento do seu negócio. Some isso ao fato de que, segundo levantamento da CB Insights,[77] 42% das startups quebram por falta de mercado para seus produtos.

Lembre-se sempre: desistir não é uma opção. Portanto, você deve perguntar para o seu cliente o que ele acha do seu produto. E saiba que o investidor analisa o empreendedor, a tração (usuários e receitas) e o modelo de negócios antes de investir. Costumo dizer para os empreendedores que se o seu cliente não te quer, a culpa é sua. Você precisa conhecer o seu cliente ideal. Se você não pergunta para o seu cliente, se não entende suas dores, você corre o risco de oferecer algo de que ele não precisa. Para isso, te apresento alguns conceitos:

» **CUSTOMER CENTRIC:** O cliente deve estar no centro de tudo (atendimento, marketing, vendas) no que se refere ao seu negócio. Isso significa que você precisa resolver as dores do seu cliente e vender para ele não um produto ou serviço, mas uma solução. Para entender o perfil do seu cliente e crescer, faça sempre experimentos. Essa responsabilidade é do empreendedor.

» **PÚBLICO-ALVO:** Trata-se da análise mais ampla das características dos seus clientes. Por exemplo, imagine que eu, Camila, pretendo abrir um negócio. Ao pesquisar, constato que o meu público-alvo são homens e mulheres de 30 a 50 anos, casados, graduados ou pós-graduados, com renda estimada de 5 mil reais. Também verifico que eles gostariam de estudar para se atualizar com o mercado, mas sem abrir mão de momentos com a família e viver uma vida mais sadia e calma. Todas essas informações, apesar de amplas, são valiosas para nortear meu empreendimento.

---

76 SEBRAE. *Causa Mortis* - O sucesso e o fracasso das empresas nos primeiros 5 anos de vida. [S. l.], jul. 2014. 50 slides. Disponível em: https://www.sebrae.com.br/Sebrae/Portal%20Sebrae/UFs/SP/Anexos/causa_mortis_2014.pdf. Acesso em: 07 fev. 2021.

77 THE TOP 20 Reasons Startups Fail. *In*: CB Insights. [S. l.], 6 nov. 2019. Disponível em: https://www.cbinsights.com/research/startup-failure-reasons-top/. Acesso em: 07 fev. 2021.

» PERSONA: Aqui são características específicas (hobbies, dores, sentimentos, objetivos) do seu cliente. Por exemplo, ao pensar no meu negócio, defino como persona uma mulher, vamos chamá--la de Marília dos Santos, que tem 31 anos, mora em São Paulo, é formada em Marketing e trabalha para um canal de TV por assinatura. Ela se preocupa com as atualizações constantes do mercado de marketing digital e por isso busca sempre cursos rápidos para se manter atualizada. Ela é casada, tem um filho pequeno e entende que fazer cursos na modalidade EAD (ensino à distância) é a melhor maneira de conciliar o lado profissional com sua vida pessoal, sem perder qualidade de uma rotina mais calma e podendo se alimentar em casa. Tudo isso serve para aprimorar a percepção de como atender ao meu cliente e qualificar minhas estratégias de negócio.

Mapa da persona

- **» Quem é?;**
- **» Traços de personalidade;**
- **» Minibiografia;**
- **» Objetivos e interesses;**
- **» Desejos e frustrações;**
- **» Inspiração e marcas que admira.**

» *CUSTOMER DEVELOPMENT*: Converse com seus clientes. Um bom número está entre 25 a 40 pessoas. Entenda o dia a dia delas, o que elas têm em comum, como e por que elas utilizam ou utilizariam seu produto ou serviço. Entenda qual é a dor delas. Faça isso para crescer. Não tenha medo de gastar sola de sapato. Volto a citar os conceitos de Steve Blank, pai do empreendedorismo moderno, sobre a importância de o empreendedor conhecer seus clientes e como fazer isso.

Segundo ele, devemos dar um basta em construir coisas que as pessoas não querem. As verdades não estão dentro do nosso

o crescimento do negócio

escritório ou de nossa cabeça. Por isso, Blank orienta: "Vá para rua e vá validar. Desenvolva em cima do seu cliente". Por fim, ele conclui que quem pensa possuir todas as respostas está errado. E é por isso que muitas empresas entram nas estatísticas de não sobreviverem.

Quer outra dica? Baseie-se em dados, use as redes sociais para coletar essas informações, faça pesquisas, use a funcionalidade analytics do seu Instagram. Isso vai te dar direcionamento, entendendo o que o seu público quer. Utilize o banco de dados do seu negócio para obter as principais informações sobre os seus clientes. Pode ser uma lista, uma pesquisa, qualquer informação que você tiver! Use ferramentas de tecnologia para colher dados: Telegram, Google Forms, WhatsApp, Google Trends. Ainda não tem um negócio? Use pesquisas e informações de fontes públicas. Lembre-se: dados são o novo petróleo.

Como exemplo prático, te digo que faço pesquisas constantes com meus seguidores no Instagram. Para um novo curso que idealizei em 2020, fiz diversos levantamentos e descobri, numa amostra de 1.570 pessoas, que 80% dos que responderam trabalhavam em empresas com até 9 funcionários; outros 14% em empresas de 10 a 49 colaboradores. Em outro levantamento, descobri que 63% de quem respondeu tinha um negócio e 37% não tinham. Com esses e outros dados, tinha o suficiente para saber que conteúdos interessavam ao meu público.

Mas, lembre-se, o que importa não são os dados em si, mas o que está por trás deles: as pessoas. Por fim, quando você coloca o cliente no centro, você deve responder a algumas questões:

» **Quem é ele?**

» **Problema: Quais são os principais problemas que os seus clientes estão enfrentando?**

» **Alternativas possíveis: Como esses problemas são resolvidos hoje?**

- » **Indicadores-chave:** Quais as principais métricas que você utilizará para medir os resultados dos seus produtos ou serviços?
- » **Solução:** Como a sua empresa resolverá esses problemas?
- » **Proposta de valor:** Como você vai converter visitantes em clientes?
- » **Vantagem competitiva:** O que faz o seu produto ou serviço ser melhor do que os dos concorrentes?
- » **Canais:** Como você alcançará o seu público-alvo?
- » **Fontes de receita:** Quais são as suas fontes de receita?
- » **Estrutura de custos:** Quais são os custos fixos e variáveis para lançar seu produto ou serviço?

» **CUSTOMER SUCCESS:** (Sucesso do Cliente) é uma metodologia corporativa pautada na garantia do alto desempenho dos clientes, sendo esses resultados provenientes das interações estratégicas com a sua empresa.[78]

A experiência do cliente envolve:

- » **Atendimento;**
- » **Presença nos canais em que ele possa te encontrar;**
- » **Discurso/posicionamento coerente com valores do cliente;**
- » **UX (experiência do usuário – físico e digital). Exemplo: se você tem um e-*commerce*, é necessário pensar tanto na experiência digital quanto na logística de entrega;**
- » **UI (interface da plataforma – digital). Enquanto produto digital: é necessário pensar em uma interface intuitiva, assertiva e amigável.**

» **SUCESSO DO CLIENTE:** Qual é o objetivo do seu cliente com

---

78 BATISTA, Talita. O que é Customer Success e como levar o seu cliente ao sucesso com a metodologia! *In*: Rock Content. [S. l.], 16 mar. 2018. Disponível em: https://rockcontent.com/br/blog/customer-success/. Acesso em: 07 fev. 2021.

o crescimento do negócio

o seu produto? O que sua marca representa para ele? E mais importante, como você mede isso?

» **Churn (métrica que indica o quanto sua empresa perdeu de receita ou clientes);**
» **Satisfação (como, por exemplo, as estrelas do Uber);**
» **NPS – *Net Promoter Score* (indicador sobre como o cliente percebe a sua empresa, o quão satisfeito ele está com o serviço e se a recomendaria).**

Lições de quem entende

Para fechar este capítulo, quero compartilhar com você, leitor, alguns ensinamentos de Flávio Augusto da Silva, conhecido por ser o fundador da Wise Up, empresa que vendeu em 2013. Atualmente, ele é dono do time Orlando City Soccer Club, nos EUA, bem como criador do Instituto Geração de Valor e da plataforma de ensino de empreendedorismo Meusucesso.com. Flávio foi um dos convidados que recebi no "Desafio CF7". Veja as principais dicas dele aos empreendedores.

Para início de conversa, Flávio afirmou que se você não sabe quem é o seu cliente, você não tem um modelo de negócio.

> A primeira coisa em um modelo de negócio é saber quem é o seu cliente, por meio da persona dele. Qual a idade, a classe social, o gênero, o nível de exigência, qual o perfil, o hábito de consumo. Você precisa conhecer seu cliente para ter uma boa estratégia de comunicação.

Ainda de acordo com Flávio, o cliente é o nosso chefe e, assim como temos a liberdade de escolher para quem trabalhar, também definimos quem vai ser o cliente do nosso negócio. Ele vai além e afirma que devemos saber os motivos que o cliente vai ter para consumir o nosso produto e entender o processo da tomada de decisão dele.

A diferença entre o sucesso e o fracasso, segundo Flávio, mora nos detalhes.

> Fracasso é quando você erra e não aprende. Todo mundo erra, transforme o erro em aprendizado. Sucesso vem de conhecimento mais prática. Como empreender é um conhecimento, e não um dom, qualquer pessoa pode aprender.

Por fim, Flávio explicou a importância de o empreendedor desenvolver uma boa estratégia, o que vai além da mera execução:

> Um modelo de negócio vencedor, executado de forma razoável, vence. Já um modelo de negócio perdedor, executado de forma primorosa, é um fracasso. Muita gente fala que a execução é muito importante, como de fato é, mas não adianta nada você executar bem, mas plantar uma semente no asfalto. Não é uma boa estratégia. É uma estratégia vencedora você fazer uma plantação em um terreno fértil, arado, bem irrigado, com controle de pragas e bons equipamentos. O modelo de negócio vencedor é: escalável, recorrente e com boa margem.

Tenho absoluta certeza de que você aprendeu e refletiu muito neste capítulo sobre a importância de se conhecer em profundidade e com o máximo de detalhes o seu cliente. Este é o pontapé inicial para um empreendimento dar certo. Quem não sabe quem é seu cliente não tem como atendê-lo bem e apresentar soluções para a dor dele; enfim, caminha no escuro. Como a ideia aqui é iluminar o seu caminho e suas ideias, aposte você também na luz. Para que seu negócio tenha sucesso, coloque os holofotes apontados para o ponto certo.

o crescimento do negócio

Vamos para a ação!

Quero compartilhar com você uma metodologia de gestão ágil que desenvolvi para ajudá-lo a ter visibilidade rápida do negócio de modo a não perder o controle e assegurar o crescimento dos projetos.

Esta é uma ferramenta que pode utilizar, por exemplo, para fazer os alinhamentos do time, checar o avanço das ações e ser capaz de tomar decisões rapidamente:

Capítulo 12
Vamos falar sobre investimento

vamos falar sobre investimento

Por onde vou, muita gente me pergunta a respeito da entrada de investimentos em um negócio. Costumo responder alertando para os principais erros que o empreendedor deve evitar e quais dicas são importantes seguir. Compartilho isso com você também.

Quando o assunto é ir atrás de investimento, o primeiro ponto é procurar compreender se você realmente tem necessidade disso. E posso dizer, pela minha experiência, que cerca de 80% dos empreendedores não precisam de fato. Ou seja, oito em cada dez negócios iriam conquistar melhores resultados se fosse feito um mero ajuste de fluxo de caixa, algo que é interno àquela operação.

Em minhas palestras, sempre pergunto aos participantes: "Você precisa de investimento?". E já ouvi as respostas mais variadas. Numa ocasião, um empreendedor me disse o seguinte: "Camila, eu preciso de investimento. Sabe por quê? Para provar para a minha irmã que eu sou tão bom quanto ela!". Pode parecer algo estranho, mas isso é mais comum do que as pessoas imaginam. Daí volto a ressaltar a importância de entender a parte comportamental.

Quando falamos de investimentos, há muitas coisas a serem consideradas sobre o assunto. A primeira é que existe um certo glamour em torno da ideia de um negócio "receber investimento". O conceito de investidor-anjo e tudo o que está relacionado a esse universo é considerado algo muito lindo e, de fato, encanta muita gente. O *Shark Tank* é um programa que ajudou a mostrar isso de uma forma concreta. Por outro lado, existe toda uma questão comportamental. No caso desse empreendedor que mencionou a irmã, ele precisaria, antes de tudo, se autoconhecer.

Lembro que, quando comecei a me aprofundar no autoconhecimento aplicado aos negócios e à parte financeira, fui ver o que estavam fazendo as empresas de *venture capital* (investidores de capital de risco) do Vale do Silício, nos EUA. Na ocasião, notei que ganhava cada vez mais força uma teoria entre os *venture capital* de que a parte comportamental é tão ou mais importante do que a parte técnica para um empreendedor. Já se falava muito de *soft skills*, aquelas habilidades e competências relacionadas ao comportamento humano, como inteligência emocional, capacidade de resolução de conflitos, ética, gestão de equipe, liderança, flexibilidade, entre outras. Nesse sentido, atualmente, ou a pessoa tem esses *soft skills* ou não tem. E isso faz toda a diferença para os negócios.

Com os avanços tecnológicos mais recentes, sobretudo na área da neurociência, ficou mais tangível aquilo que antes era apenas um sentimento: a relevância do fator comportamental para empreender. Isso começa a ser comprovado com evidências reais e sólidas. E é por isso que percebo como a maioria dos empreendedores não precisa realmente de investimento. A minha conclusão é que essa parcela não têm uma noção, mesmo básica, dos ajustes necessários nas contas do seu empreendimento, nem tem os *soft skills*. Porque, se tivessem, estariam conseguindo resultados bem mais interessantes do que os atuais.

vamos falar sobre investimento

Será que você precisa de investimento?

Muito empreendedor fica na dúvida para identificar se precisa de investimento. Sob o ponto de vista de uma *startup* da área de tecnologia, por exemplo, ele deve levar em consideração se quer crescer seu negócio de forma exponencial. Muitas vezes, para ampliar de forma global, ele vai necessitar de caixa. Mesmo que possua caixa próprio, ele vai precisar de um crescimento mais acelerado, portanto, será necessário recorrer a caixa de terceiros.

Algo muito importante na hora de o empreendedor cogitar buscar investimentos é que ele verifique a seguinte equação: em um primeiro momento, no curto e médio prazo, o negócio dele pode até ficar com seu caixa negativo, tendo que contar com a entrada dos recursos de terceiros. Porém, no longo prazo, o caixa deverá ficar positivo.

Portanto, ele deve entender que só vai precisar de investimento se quiser ter esse crescimento um pouco mais efetivo e rápido. Quando, em um ponto mais adiante, precisar que o caixa comece a gerar resultados positivos, algo que não vai conseguir fazer apenas com recursos próprios de entrada e saída, aí sim é válido. Do contrário, ele não deve recorrer a investimentos.

O papel do investidor

Se a função desempenhada por colaboradores e sócios para o desenvolvimento de um negócio é mais nítida para o empreendedor, ao passarmos para o papel dos investidores, talvez isso já não seja tão simples de identificar. Por isso, como investidora-anjo, acho importante sempre explicar como podemos ser parceiros de quem empreende e, ao mesmo tempo, aproveito para desfazer alguns mitos criados em torno de nossa participação.

Por exemplo, gosto de frisar que, acima de tudo, o investidor quer os empreendedores no lugar onde eles devem ficar: à frente de suas empresas. De modo geral, quem investe quer contribuir não apenas financeiramente, mas transmitindo toda a sua *expertise* para o negócio e o retorno que virá dele. A ideia é somar ao empreendimento, ou seja, ajudar na sua expansão e em seu fortalecimento. Nada diferente disso.

Uma pesquisa conduzida por Josh Lerner, da Harvard Business School, e Antoinette Schoar, da MIT Sloan School of Management, concluiu que o investimento-anjo é essencial para a evolução das startups, principalmente porque esse perfil de empresa tende a crescer mais rápido, por causa não apenas do capital investido, mas também da mentoria direcionada e do *networking* que seus anjos propiciam. Portanto, o papel desse perfil de investidor é dar estímulo à inovação no mercado. Uma peça fundamental não somente na engrenagem das startups, mas da economia como um todo.

Outro engano comum é achar que investidores só aportam em empresas que já faturam milhões. Nada mais equivocado. A função do anjo é investir em negócios *seed* (semente, em inglês), ou seja, ainda em estágio inicial de crescimento. Claro, para o investidor apenas o discurso do empresário de que "vai fazer acontecer" não é o suficiente. É indispensável ter pelo menos um MVP (produto mínimo viável) e comprovar a capacidade de execução e escalabilidade do negócio no mercado. Portanto, apresentar números é essencial.

Por fim, muita gente pode achar que o investidor-anjo, por exemplo, somente vai colocar recursos em empresas da área de tecnologia. Até como uma curiosidade, o termo "anjo" nasceu nos anos 1920 com as peças da Broadway, em Nova York, nos

vamos falar sobre investimento

EUA,[79, 80] onde os mecenas dos teatros aportavam capital em montagens de sucesso. Ou seja, o investimento-anjo nasceu na indústria criativa, bem longe do mundo da tecnologia, diferentemente do que muitos possam pensar.

Interessante, não é? Portanto, existem os mais diversos tipos de investidor e eles não estão atrás apenas de aplicar dinheiro em empresas de tecnologia. Uma área que vem crescendo muito é a social. Eu mesma já diversifiquei minha carteira de investimentos em negócios sociais com bastante potencial. Então, em primeiro lugar, os investidores enxergam números, tração e retorno.

É fundamental conhecer e se informar sobre todos os investimentos existentes; só assim você chegará ao modelo ideal para o seu negócio. A seguir, você conhecerá as possibilidades à disposição dos empreendedores, somadas a algumas recomendações em comum acordo com o Sebrae.[81] Eis os principais tipos de investimento para você:

INVESTIMENTO-ANJO

Investidores-anjo costumam ser executivos, empreendedores e profissionais experientes que investem em seu negócio a partir dos recursos próprios, portanto, pelos recursos da pessoa física. Além de valores financeiros, o investidor-anjo pode oferecer conhecimento específico, networking e mentoria.

---

79 UM anjo pode investir na sua ideia. *In*: Portal Sebrae. [S. l.], 30 jun. 2014. Disponível em: https://www.sebrae.com.br/sites/PortalSebrae/artigos/um-anjo-pode-investir-na-sua-ideia,e18e5edae79e6410VgnVCM2000003c74010aRCRD?origem=segmento&cod Segmento=7. Acesso em: 07 fev. 2021.

80 CAPACITY MAGAZINE. Angel Investing: It's An Increasingly Important Part Of Today's Business Landscape. In: RCBI. [S. l.], 2014. Disponível em: http://www.rcbi.org/index.php/viewarticle/49-capacity-magazine/spring-2014/features/667-angel-investingit-s-an-increasingly-important-part-of-today-s-business-landscape. Acesso em: nov. 2020.

81 CONHEÇA os diferentes tipos de investidores de Capital Empreendedor. In: Portal Sebrae. [S. l.], 09 set. 2015. Disponível em: https://m.sebrae.com.br/sites/PortalSebrae/sebraeaz/capital-empreendedor-tipos-de-investidores,5040e3796beaf410VgnVCM1000004c00210aRCRD. Acesso em: 21 jan. 2020.

O investimento-anjo costuma ser aplicado quando a empresa ainda está em estágio embrionário e, por isso, é muito importante que você tenha mapeado o que realmente espera receber do seu investidor nesta fase tão importante do negócio e qual perfil melhor o atenderá, pois cada investidor terá recursos e experiências diferentes para lhe oferecer.

Ao buscar um investidor-anjo, já defina expectativas importantes, como: tamanho do investimento esperado e o que será oferecido em troca, nível e tipo de envolvimento desejado, entre outros.

ACELERADORAS

Semelhantes aos fundos de investimentos, as aceleradoras são empresas que fazem investimentos de alto risco, cujo foco são negócios inovadores, principalmente na área de tecnologia, em estágios iniciais.

As aceleradoras geralmente oferecem mentorias para os empreendedores desenvolverem melhor seus modelos de negócio, além de programas de benefícios que facilitam a operação do dia a dia dessas empresas iniciantes.

Entre as ações de uma aceleradora, estão:

» **SELEÇÃO:** Como o foco das aceleradoras está em empresas embrionárias, para reduzirem os seus riscos elas contam com um processo de seleção rígido e exigente.

» **ACELERAÇÃO:** Além do recurso financeiro, a aceleração do negócio é potencializada pelo acesso à rede de mentoria, orientação para as melhores estratégias de desenvolvimento do produto e todo arsenal de conhecimento para que as empresas investidas alcancem níveis maiores de maturidade rapidamente.

» **CAPTAÇÃO E DESINVESTIMENTO:** É sempre importante ressaltar que uma das funções da aceleradora é conectar a empresa na qual investiram com fundos e investidores, facilitando novas captações, já que negócios acelerados exigem um volume alto de capital para se desenvolverem. Por isso é fundamental estudar *vamos falar sobre investimento*

os portfólios das aceleradoras, para ver quais se encaixam com o perfil do seu negócio.

EQUITY CROWDFUNDING

Financiamentos coletivos, ou *crowdfunding*, são ferramentas que conectam empreendimentos diretamente ao seu público, o qual, ao apoiar tais negócios, recebe recompensas especiais e exclusivas. Esse modelo é bem conhecido, principalmente quando pensamos em livros, jogos e projetos artísticos, por exemplo, mas o que nem todos sabem é que o conceito de financiamento coletivo pode ser aplicado aos negócio, por meio do investimento coletivo, ou *equity crowdfunding*. Nesse tipo de investimento, você capta recursos via plataformas on-line especializadas e, ao contrário do financiamento coletivo, a recompensa não é alguma ação de visibilidade da sua contribuição ou artigos exclusivos, mas cotas de ações da empresa apoiada. Ao se aventurar no *equity crowdfunding* é importante estudar e entender as especificidades legais e da plataforma que estiver utilizando para não ter nenhuma surpresa ao encerrar a captação de recurso.

FUNDOS DE INVESTIMENTOS

Ao contrário do investimento-anjo, aqui o aporte de recursos é realizado por pessoas jurídicas. Os fundos de investimento são formados por um grupo fixo de investidores (estes podem ser tanto instituições e empresas como pessoas físicas) e geralmente focam empresas de inovação, em estágios de venture capital e private equity, ou seja, negócios em estágios mais avançados. Um diferencial é que essa modalidade de investimento possui um período de duração definido, que consiste no tempo que será dedicado para seleção, o investimento em si, a maturação do negócio e, enfim, a venda da sua participação. Os fundos também se diferem em abordagem de atuação: cada um tem características específicas na hora de apoiar as empresas em que investem. Por isso, é importante

216   desistir não é opção

pesquisar bem qual é a tese de investimento do fundo que você está sondando e como é o portfólio da sua gestora.

Como foi possível perceber, a equação humana é um dos pontos mais relevantes para o desenvolvimento e crescimento de qualquer negócio, esteja ele na área que for. Colaboradores, sócios, parceiros e investidores devem sempre olhar para o horizonte à frente, mas é fundamental enxergarem um ponto comum adiante, que guie seus movimentos e intenções. A partir dessa visão comum, um empreendimento poderá avançar. Por isso, nunca subestime os esforços a serem feitos para que seu time esteja verdadeiramente concentrado nos objetivos do jogo. É nesse cenário que os craques se apresentam.

em
pre
sas

O investidor quer os empreendedores no lugar onde eles devem ficar: à frente de suas empresas.

13

Capítulo 13
Faça o seu melhor em todos os momentos

7

faça o seu melhor em todos os momentos

Chegamos, enfim, ao ponto final em nossa jornada pelos desafios do empreendedorismo. Compartilhei contigo a minha história, minhas origens e inúmeros ensinamentos que colhi ao longo de muitos anos, desde as minhas primeiras inquietações na tabacaria e café da nossa família, aos 14 anos, no Rio de Janeiro. Muita coisa mudou de lá para cá, mas faço questão de conversar com os clientes sempre que estou em algum dos meus negócios ou saber dos colaboradores como tudo está indo.

Sou exigente e preocupada com cada detalhe, pois sei que os clientes também são. E acredito que se você empreende ou deseja iniciar um negócio, também precisa ter atenção aos detalhes e buscar sempre o melhor para seu empreendimento e seus consumidores. Ao longo das páginas deste livro, pude mostrar a você a importância de inovar. Muitas vezes você não precisa ser o primeiro a ter uma ideia, mas aperfeiçoar aquilo que já existe. Lembre-se de que a Uber não foi pioneira no que faz.

Ousar, portanto, faz parte do jogo. Mas nunca se esqueça de ouvir o que seu cliente deseja. Não faça como eu, lá no início, que errei ao abrir um restaurante todo decorado em branco e lilás, mas que não atraía ninguém, apesar de estar em um shopping de grande movimento. Claro, eu havia feito algo para mim, não para o meu cliente. Aprendi a lição, pois ninguém nasce sabendo. Mudei e deu certo. Isso prova que devemos estar conscientes de que não sabemos tudo, de que precisamos estar prontos para alterar rotas e estratégias para o bem do nosso negócio.

Por falar em aprendizado, ao longo deste livro, quis deixar claro para você, leitor, a importância de sempre estar aberto ao conhecimento. Se eu não estivesse disposta a aprender e crescer, teria desistido diante das primeiras dificuldades que surgiram. Quando fui chamada para ser diretora no Grupo Mundo Verde, não sabia sequer o que era um DRE (Demonstrativo de Resultado de Exercício). Pior, estava cercada por feras no assunto. O que eu deveria fazer? Jogar a toalha? Chorar? Não! Eu não sou assim.

Fui estudar, buscar as ferramentas e os conhecimentos necessários para falar a mesma língua dos meus pares na empresa. Eu era uma pessoa de execução, como ainda sou, mas tinha noção de que precisava fortalecer uma série de outros pontos para seguir em ascensão. Não se trata de não ter medo. Sentir medo é natural. Mas devemos encarar nossos medos e desafios com consciência e autoconhecimento.

Todo o aprendizado acumulado nos anos como executiva serviram para ampliar meus negócios, quando decidi voltar a empreender. Em paralelo, decidi mais uma vez desbravar um novo campo e me tornei investidora. Você sabe o que quer fazer? Sabe o que pode fazer? Saiba que é sempre importante estar aberto para novas oportunidades de negócio, de carreira, de crescimento. Comigo sempre foi assim.

Nasci inquieta e me mantenho nessa condição. Pois sei que a inquietude nos leva a lugares onde os acomodados nunca estarão. Por isso, te digo: de tempos em tempos verifique seus níveis de inquietude. O mundo mudou, está mudando e há apenas uma única certeza: seguirá mudando cada vez mais, com velocidade crescente. Se acomodar, portanto, não é uma boa estratégia. Quem tinha

faça o seu melhor em todos os momentos

alguma dúvida disso pôde ver o tamanho desse desafio a partir de março de 2020, quando a pandemia de covid-19 impôs marcas profundas em todas as relações humanas.

Se antes disso já se falava na era dos Negócios Mutáveis, os empreendedores agora têm plena certeza de que precisam de estratégia e colaboração para chegarem aos resultados. É preciso ter um bom controle financeiro, uma boa gestão de tempo, capacitar colaboradores, entre muitos outros pontos. Mas se você for como eu, um apaixonado pelo empreendedorismo, estou certa de que vai sempre buscar o aprimoramento, tanto pessoal quanto do negócio. Somente por estar com este livro em mãos, e ter me acompanhado até aqui, já é uma prova do quanto você almeja crescer.

Domine os números, mas vá muito além deles. Siga a máxima de Steve Blank, um dos pais do empreendedorismo moderno, e "saia do escritório!". Vá em busca de seus clientes, ouça o que eles têm a dizer, quais são as dores deles. Não venda um produto ou serviço, ofereça soluções. Não se esqueça: empreender é uma arte! Exige doses maciças de dedicação, foco, treino, estudo e muita, mas muita coragem.

Já disse, mas reforço: se você não apresentar sua obra para o mundo, será para sempre um talentosíssimo desconhecido. E posso apostar que não é isso o que você quer. Grandes empresários foram além do óbvio, pensaram fora da caixa. Inspire-se sempre em exemplos assim. Busque ver soluções onde os outros apenas enxergam obstáculos. Como qualquer habilidade, essa também pode ser aprendida e desenvolvida.

Ao longo da minha trajetória até aqui, descobri que quanto mais estudo, mais devo colocar em ação aquilo que aprendi, mesmo que seja minimamente. Verifico a consequência disso na prática, que, inspirada pela teoria, dá resultado. Todo este mecanismo me levou a uma importante revelação: o conhecimento só se torna transformador quando você o coloca em prática. Para mim, esse é o grande segredo. Eis uma das razões de querer escrever este livro.

O filósofo e estadista romano Sêneca (4 a.C.-65 d.C.) certa vez escreveu: "Enquanto ensinamos, aprendemos".[82] Pude falar com você sobre assuntos distintos, como plano de negócios, planejamento financeiro, fluxo de caixa, gestão de equipe, liderança, sociedade e mentoria, entre muitos outros pontos. Se você aprendeu muito, saiba que eu também aprendi demais com toda essa partilha de ensinamentos.

Espero que todas as lições que você leu neste livro te ajudem a criar um negócio inovador ou fortalecer o seu empreendimento. São técnicas e aprendizados acumulados em muitos anos de teoria e prática, que resultaram em diversos êxitos e, claro, alguns fracassos. Como ouvi certa vez de Caio Carneiro, empreendedor e autor best-seller: "O fracasso é um ponto de passagem e traz uma bênção, que é o ensinamento". Sua grande dica para os empreendedores é "Erre rápido, aprenda mais rápido e recomece mais rápido ainda. Nasceu perfeito, nasceu morto".

Que este livro possa te ajudar a alcançar seus resultados e apoiá-lo para que você seja protagonista da sua história. Mas, sobretudo, que ele também o auxilie a se entender melhor. Compreender quem você é e o que almeja com seu negócio. Lembre-se de que conhecer os outros é inteligência, mas conhecer a si mesmo é poder. Quando você começa a se conhecer, começa a se destravar, uma vez que o autoconhecimento é libertador. Falo por mim, pois invisto no meu autoconhecimento todos os dias. Recomendo fortemente a todos que façam também.

Deixo meu agradecimento a você, leitor, que me acompanhou até aqui, me despeço e o convido a seguir minhas redes sociais. Nos vemos em um próximo livro, pois sei que minha inquietude ainda vai me levar a muitos e muitos lugares. Um beijo para você.

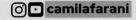
camilafarani

---

[82] SÊNECA. **Cartas de um estoico, volume I**: um guia para a vida feliz. São Paulo: Montecristo Editora, 2017.

Inspire-se

Grandes empresários foram além do óbvio, pensaram fora da caixa. Inspire-se sempre em exemplos assim. Busque ver soluções onde os outros apenas enxergam obstáculos.

desistir não é opção

Esse livro foi impresso pela Edições Loyola em papel pólen natural 70 g em novembro de 2022.